Sacré-Cœur
MONTMARTRE
La Villette
Gare du Nord
Gare de l'Est
Parc des Buttes-Chaumont
Canal St-Martin
Place de la République
Musée du Louvre
Forum des Halles
Centre Georges Pompidou
Cimetière du Père-Lachaise
Notre-Dame
QUARTIER DU MARAIS
Ile de la Cité
des-Prés
Bd. St-Germain
Ile St-Louis
Bd. Henri IV
Sorbonne
Opéra Bastille
Bd. Diderot
Place de la Nation
Panthéon
Institut du Monde Arabe
Gare de Lyon
Jardin des Plantes
Ministère des Finances
QUARTIER LATIN
Montparnasse
Gare d'Austerlitz
Palais Omnisport de Paris-Bercy
Bois de Vincennes
Place d'Italie
Bibliothèque Nationale
Parc Montsouris

Seine

Bouquet de français

Koichi ISHIKAWA
Hiroko ISHIKAWA

Surugadai-shuppansha

Design de la couverture: die

は じ め に

"*Bouquet de français*" は，大切な人へのブーケを作るときに花を選ぶように，フランス語の言葉を選び，構成し，アレンジした，初めてフランス語を学ぶ人のための総合教材です．目標としたのは初歩のフランス語を理解し，読めて，聞けて，そして少しでも話せること．そのモチベーション・アップのために，基本的な日常表現や聞き取りの力を要求する「実用フランス語技能検定試験の受験」を設定し，その手助けとして「赤シート学習法」を採用しました．

全体は 14 課，各課 4 頁で構成され，各課最初の見開き 1–2 頁には Dialogue, Grammaire, Exercices, Expression が全ての課にセットされ，3–4 頁には最初の 2 頁についてのさらに詳しい説明や整理，まとめなどがあります．文法の展開はぴったり仏検に合わせてあるので，スムーズに仏検の準備ができます．例えば，5 級では問われない最上級は 4 級の範囲である 11 課に，4 級では問われない関係代名詞 dont は 3 級の範囲である 13 課に，3 級では問われない特定された接続詞句は APPENDICE に収めました．

効率よく学習するために，和訳も赤やオレンジのペンでテキストに書き込み，赤シートとレ点チェック用の □ を利用した学習法で，時間の短縮化と復習回数の増加をねらっています．

◆ 使用パターンはそれぞれのクラスによって変更できるようになっています．
　　ex.　1 [*Petit Bouquet Bleu*]
　　　　　範囲：1～7 課の見開き最初の 2 頁＋Écoutez bien.＋6, 7 課の En Plus.
　　　　　目標：仏検 5 級取得．
　　　　2 [*Grand Bouquet Blanc*]
　　　　　範囲：8～12 課＋1～7 課．
　　　　　目標：仏検 4 級取得．
　　　　3 [*Grand Bouquet Tricolore*]
　　　　　範囲：13, 14 課＋1～7 課＋8～12 課．
　　　　　目標：仏検 3 級取得．

この花束が学習する皆さんのフランス語の世界を少しでも広げられるよう願っております．

最後に，草稿段階の校閲を快く引き受けて丁寧に目を通してくださった INSTITUT FRANÇAIS の Georges CONREUR 先生をはじめ，このテキストの作成にかかわってくださった方々に，心から感謝いたします．

　　2012 年 10 月 café "すいれん" にて

　　　　　　　　　　　　　　　　　　　　　　　　　　　　　　　　　　　著　者

Table des matières

Leçon 1 *Bonjour! Je m'appelle Laurène.* _____ 4
　　1 主語人称代名詞　2 être の直説法現在　3 国籍／身分／職業　4 疑問文
　　Exercices *1*　Expressions *1* 挨拶　Exercices supplémentaires *1*
　　En plus *1* アルファベ／綴り字記号／発音

Leçon 2 *Tu as un dictionnaire?* _____ 8
　　5 名詞　6 冠詞［不定冠詞／定冠詞］　7 avoir の直説法現在　8 第1群規則動詞の直説法現在
　　Exercices *2*　Expressions *2* 数詞 1–20／月／曜日／季節　Exercices supplémentaires *2*
　　En plus *2* 第1群規則動詞　Pause-café 日本とフランス

Leçon 3 *Qui est cette jeune fille sur la photo?* _____ 12
　　9 形容詞　10 指示形容詞　11 所有形容詞　12 提示表現
　　Exercices *3*　Expressions *3* 家族　Exercices supplémentaires *3*
　　En plus *3* 形容詞　Pause-café 自由，平等，友愛

Leçon 4 *À la bibliothèque.* _____ 16
　　13 第2群規則動詞の直説法現在　14 部分冠詞　15 vouloir / pouvoir の直説法現在　16 否定文
　　Exercices *4*　Expressions *4* 冠詞の使い分け／婉曲表現　Exercices supplémentaires *4*
　　En plus *4* 冠詞　Pause-café ヴォルテール

Leçon 5 *Au musée d'Orsay.* _____ 20
　　17 疑問代名詞 qui / que　18 命令法　19 faire / prendre の直説法現在　20 疑問文と応答
　　Exercices *5*　Expressions *5* 疑問と応答　Exercices supplémentaires *5*
　　En plus *5* 変化しない疑問代名詞／基本の6文型／文の要素　Pause-café エドガー・ドガ

Leçon 6 *Qu'est-ce que tu fais?* _____ 24
　　21 前置詞と定冠詞の縮約　22 aller / venir の直説法現在　23 近接未来／近接過去　24 疑問副詞
　　Exercices *6*　Expressions *6* 疑問副詞／前置詞（句）　Exercices supplémentaires *6*
　　En plus *6* 検定5・4級のポイント：前置詞（句），時，前置詞と国名

Leçon 7 *Le combien sommes-nous?* _____ 28
　　25 疑問形容詞　26 非人称構文　27 形容詞・副詞の比較級　28 強勢形-1　29 不定代名詞 on
　　Exercices *7*　Expressions *7* 非人称構文　Exercices supplémentaires *7*
　　En plus *7* 時間／数と発音／検定5・4級のまとめ

Civilisation　オペラ・ガルニエにようこそ ------------------------------- 32
　　ガルニエ宮 // ballet の誕生 // パリ・オペラ座バレエ団

Leçon 8 *Maman, quand est-ce que tu vois Michel ?* _____ 34
    30 目的補語人称代名詞と強勢形-2　31 代名動詞
    Exercices 8-1　Expressions 8 パン屋さんで　Exercices supplémentaires 8
    En plus 8 目的補語人称代名詞　Exercices 8-2

Leçon 9 *Tu as passé de bonnes vacances ?* _____ 38
    32 直説法複合過去　33 変化する指示代名詞
    Exercices 9　Expressions 9 電話で　Exercices supplémentaires 9
    En plus 9 直説法複合過去 / 過去分詞の一致

Leçon 10 *Dans le Midi, j'ai souvent bu un vin blanc qui s'appelle « Perle ».* _____ 42
    34 直説法単純未来　35 中性代名詞
    Exercices 10　Expressions 10 基数詞 1〜1000　Exercices supplémentaires 10
    En plus 10 検定 4 級のポイント (1) 不定詞を含む文章 / 中性代名詞の位置 / 直説法前未来

Leçon 11 *Cet été, il faisait chaud à Paris.* _____ 46
    36 直説法半過去　37 形容詞・副詞の最上級　38 ジェロンディフ / 現在分詞
    Exercices 11　Expressions 11 前置詞　Exercices supplémentaires 11
    En plus 11 検定 4 級のポイント (2) 動詞と意味 / 直説法大過去

Leçon 12 *Devant la façade de l'Opéra de Paris.* _____ 50
    39 関係代名詞 qui / que　40 強調構文　41 受動態　42 数量表現
    Exercices 12　Expressions 12 connaître /savoir　Exercices supplémentaires 12
    En plus 12 検定 4 級のまとめ

Leçon 13 *Tiens, il neige !* _____ 54
    43 条件法現在　44 関係代名詞 où / dont　45 不定代名詞　46 所有代名詞
    Exercices 13　Expressions 13 レストランに予約
    En plus 13 検定 3 級のポイント 慣用表現

Leçon 14 *Demain ce cera la journée portes ouvertes dans mon université.* _____ 58
    47 接続法現在　48 選択の疑問代名詞　49 前置詞＋疑問代名詞 qui / quoi　50 指示代名詞
    Exercices 14　Expressions 14 叙法
    En plus 14 検定 3 級のまとめ

Appendice _____ 62
    1 関係代名詞　2 前置詞＋選択の疑問代名詞　3 話法　4 接続法
    5 接続法過去　6 条件法過去　7 直説法単純過去

綴り字と発音 _____ 64

Leçon 1

Dialogue 1 • date : _____

☐   Laurène : **Bonjour ! Je m'appelle Laurène.**   こんにちは！　私の名前はロレーヌです．
☐   **Enchantée.**   初めまして．
☐   Marc : **Bonjour. Je m'appelle Marc.**   こんにちは．僕の名前はマルクです．
☐   **Enchanté !**   初めまして！
☐ Laurène et Marc : **Nous sommes français !**   私たちはフランス人です！

Grammaire 1 • • • • • • • • • • • • 赤シートで学習する際に行頭の☐にチェックを入れましょう

1　主語人称代名詞

☐

1人称	je (j')	[ʒə ジュ] 私は	nous	[nu ヌ] 私たちは
2人称	tu	[ty テュ] 君は	vous	[vu ヴ] あなた(たち)は，君たちは
3人称	il	[il イル] 彼は，それは	ils	[il イル] 彼らは，それらは
	elle	[ɛl エル] 彼女は，それは	elles	[ɛl エル] 彼女らは，それらは

† je は母音字 (a，e，i，o，u，y) や無音の h の前で j' となる：エリジオン
† 2人称単数の場合，友人・同僚・家族など関係が親しければ tu，改まった関係の場合は vous を用いる．

2　être の直説法現在

☐   être [ɛtr エートゥル]「〜である／（場所に）いる，ある」

je	suis	[ʒə sɥi ジュスュイ]	nous	sommes	[nu sɔm ヌソム]
tu	es	[ty ɛ テュエ]	vous	êtes	[vuzɛt ヴゼットゥ]
il	est	[ilɛ イレ]	ils	sont	[il sɔ̃ イルソン]
elle	est	[ɛlɛ エレ]	elles	sont	[ɛl sɔ̃ エルソン]

† il est [~~il イル~~] [~~e エ~~] → [ilɛ イレ] / elle est [~~el エル~~] [~~el エ~~] → [ɛlɛ エレ]：アンシェヌマン
† vous êtes [~~vu ヴ~~] [~~et エットゥ~~] → [vuzɛt ヴゼットゥ]：リエゾン

☐ Je suis étudiant.   私は（男子）学生です．   Nous sommes à Paris.   私たちはパリにいます．
☐ ▶être à + 時間 + (de) [（〜から）…の地点にある]　C'est à deux minutes d'ici.   ここから2分のところです．

3　国籍 / 身分 / 職業

☐ Il est français.   Elle est française.   Ils sont français.
  彼はフランス人(男性)です． 彼女はフランス人(女性)です． 彼らはフランス人です．
☐ Marc et Laurène sont étudiants.   マルクとロレーヌは学生です．

☐ ▶【女性形】　男性形＋e　 ; 　eur → —euse　 ; 　en → —enne
    japonais / japonaise 日本人　chanteur / chanteuse 歌手　italien / italienne イタリア人
    américain / américaine アメリカ　acteur / actrice 俳優　lycéen / lycéenne 高校生

☐ ▶【男女同形】　professeur 先生　médecin 医者　artiste 芸術家

4　疑問文：「あなたは日本人ですか？」

☐ ①　イントネーション　　Vous êtes japonais ?　Oui, je suis japonais.   はい，私は日本人です．
☐ ②　Est-ce que (qu') を付ける　Est-ce que vous êtes japonais ?
☐ ③　主語代名詞と動詞の倒置　Êtes-vous japonais ?

Leçon 1

Exercices 1 • 下線部に和訳を赤ペンで書き入れましょう

† 間違えた問題などを赤ペンで訂正し，行頭の□にチェックを入れて，再度赤シートで学習しましょう．

1 下線部に適切な語を書き入れなさい．

国籍・身分	男性・単数	女性・単数	男性・複数	女性・複数
□ 1. フランス人	_____	_____	_____	_____
□ 2. _____	_____	japonaise	_____	_____
□ 3. _____	_____	_____	_____	étudiantes

2 下線部から正しい主語を選び（　）内にその語を記入し，文を和訳しなさい．

□ 1. Nous / Je / Vous suis japonaise.　（　　　）_____
□ 2. Il / Laurène / Ils est acteur.　（　　　）_____
□ 3. Tu / Vous / Je êtes professeur ?　（　　　）_____

3 être 動詞を直説法現在に活用させて下線部に記入し，文を和訳しなさい．

□ 1. Tu _____ médecin.　_____
□ 2. Pierre _____ étudiant ?　_____
□ 3. Marie et Pierre _____ américains.　_____

4 （　）内の語を用いて日本語に対応するフランス語の文を作りなさい．文頭は大文字にして，文末にはピリオドや疑問符を忘れずに入れましょう．

□ 1. 彼女はパリにいます．(Paris, est, à, elle) _____
□ 2. 彼女たちは先生です．(elles, professeurs, sont) _____
□ 3. 君はフランス人ですか？(française, tu, es) _____

Expressions 1 挨拶 • • • • • • • • • • • • • • • • 下線部に和訳を赤ペンで書き入れましょう

□ ▶ Bonjour, madame (monsieur / mademoiselle).　_____
□ 　(a) Comment allez-vous ? / (b) Vous allez bien ?　_____
□ 　　(a) — Je vais bien, merci. Et vous ?　_____
□ 　　(b) — Oui, je vais bien, merci. Et vous ?　_____

□ ▶ Salut ! Ça va ? / Salut ! Comment vas-tu ?　_____
□ 　— Ça va, et toi ?　_____

□ ▶ Au revoir. / À bientôt. / À demain.　_____

□ ▶ Merci beaucoup.　_____
□ 　— Je vous en prie. / Il n'y a pas de quoi. / De rien.　_____

□ ▶ [vous に対して] S'il vous plaît. / [tu に対して] S'il te plaît.　_____

□ ▶ [vous に対して] Excusez-moi. / [tu に対して] Excuse-moi. / Pardon.　_____

cinq 5

Exercices supplémentaires 1 •

▶ **Écoutez bien.** （CDを聞いて下さい）
フランス語の質問に対して適切な応答文を下記の①〜④から選び（　）内に番号を記入しなさい．
その後に問いの文をフランス語で記入し，和訳を入れましょう．

☐ 1. (　) 仏文：_____　_____
☐ 2. (　) 仏文：_____　_____
☐ 3. (　) 仏文：_____　_____
☐ 4. (　) 仏文：_____　_____

　　　　① Je vais très bien, merci.
　　　　② Je vous en prie.
　　　　③ Ça va, et toi ?
　　　　④ Je m'appelle Haruko Ogawa.

▶ **Écrivez.**

1 指示通りの主語にして文を書き換え，和訳しなさい．

☐ 1. Vous êtes français ? → Elles _____　_____
☐ 2. Je suis médecin. → Marie _____　_____
☐ 3. Tu es à Paris ? → Agnès et Laurent _____　_____
☐ 4. Il est étudiant. → Elle _____　_____

2 次の文を 1, 2 は Est-ce que を使って，また 3, 4 は倒置の疑問文に書き換えて和訳しなさい．

☐ 1. Il est japonais ? _____　_____
☐ 2. Elles sont à Londres ? _____　_____
☐ 3. Vous êtes américaine ? _____　_____
☐ 4. Elle est française ? _____　_____

En plus 1 アルファベ / 綴り字記号 / 発音 •

▶ **1** アルファベ Alphabet

A [ɑ]	B [be]	C [se]	D [de]	E [ə]	F [ɛf]	G [ʒe]	H [aʃ]	I [i]	J [ʒi]	K [kɑ]
L [ɛl]	M [ɛm]	N [ɛn]	O [o]	P [pe]	Q [ky]	R [ɛːr]	S [ɛs]	T [te]
U [y]	V [ve]	W [dublɘve]	X [iks]	Y [igrɛk]	Z [zɛd]

▶ **2** 綴り字記号

| アクサンテギュ
[´] accent aigu　é [e] | アクサン グラーヴ
[`] accent grave　à, è [ɛ], ù | アクサン スィルコンフレクス
[^] accent circonflexe　â, ê [ɛ], î, ô, û |
| セディーユ
[¸] cédille　ç | トレマ
[¨] tréma　ë, ï, ü | トレデュニオン
[-] trait d'union　États-Unis |

◆ アクサン記号は母音字 e の上について エ [e / ɛ] と発音する．　　ex. école [ekɔl] 学校
◆ その他の綴り字記号のついた母音字の場合は他の語との区別となる．ex. （定冠詞の）la / là そこで(に)

6　*six*

Leçon 1

▶3 発音の原則：母音字と h に注意

【エリジオン】élision（母音字省略）
母音字や無音の h で始まる語の前では e, a, i の母音字を省略して，アポストロフをつける．
エリジオンする特定語：je, le, ne, ce, de, me, te, se, si, la, que (jusque, lorsque, puisque, quoique)
ex. j'ai / l'hôtel / c'est

si の場合は後に il, ils が続くときのみ母音字省略し，その他の語の母音字省略はしない．
ex. elle est / cela est

【アンシェヌマン】enchaînement（連続）
語末にある発音される子音と，次にくる語の語頭母音をひと続きにして発音する．
ex. il est : [il イル]+[e エ] → [i-le イレ] / elle est : [el エル]+[e エ] → [ɛ-le エレ]

【リエゾン】liaison（連音）
本来読まない語末の子音字と，次の語の語頭にくる母音字を続けて発音する．
◆ 必ずリエゾンする場合：〈冠詞＋名詞〉，〈主語代名詞＋動詞〉など．
ex. vous êtes : [vu ヴ]+[et エットゥ] → [vu-zɛt ヴゼットゥ]
◆ リエゾンしてはいけない場合：〈名詞主語＋動詞〉，〈接続詞 et の後〉など．

【無音の h / 有音の h】
h は全て発音しないが，語頭に h がある場合 2 通りに区別される．
◆ 無音の h：h は無いものとして扱われ，エリジオン・アンシェヌマン・リエゾンは行われる．
(h muet)
ex. les hôtels [le-zo-tɛl レゾテル]
◆ 有音の h：h は子音として扱われ，リエゾンなどは行われない．*ex.* les héros [le-ero レエロ]
(h aspiré)

▶4 発音記号と発音
〚母音〛voyelles

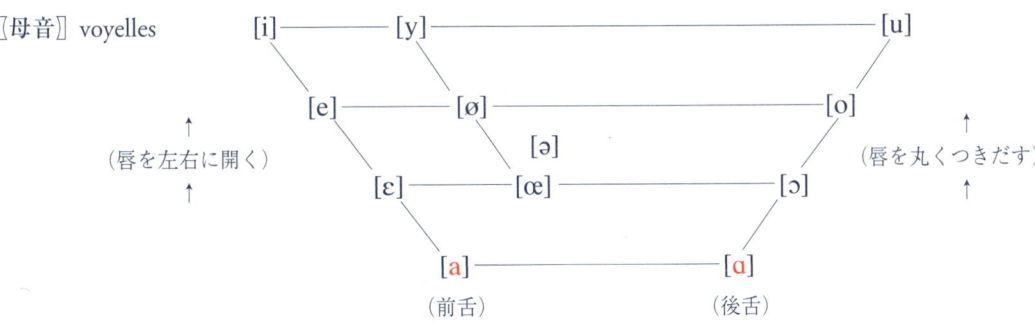

[a] 唇を少し平らにして横に引っ張った「ア」
[ɑ] 唇を少し丸めて上下に開いた「ア」

〚鼻母音〛voyelles nasales [ɑ̃] [ɛ̃] [œ̃] [ɔ̃]：[ɛ̃] と [œ̃] の区別はなくなりつつある．

〚半母音〛semi-voyelles 母音が 2 つ連続するとき [i] [u] [y] を子音のように発音する：[j] [ɥ] [w]
ex. [i] – [a] → [ja] piano [pja-no] / [y] – [i] → [ɥi] nuit [nɥi] / [u] – [i] → [wi] oui [wi]

〚子音〛consonnes 無声子音 [p] [f] [t] [s] [ʃ] [k]
有声子音 [b] [v] [d] [z] [ʒ] [g] [m] [l] [n] [ɲ] [r]

sept 7

Leçon 2

Dialogue 2 • date : _____

- ☐ Marc : **Tu as un dictionnaire ?**
- ☐ Laurène : **Oui, j'ai un dictionnaire électronique. Mais, il ne marche pas.**
- ☐ Marc : **Pourquoi ?**
- ☐ Laurène : **Parce que les piles sont usées.**

Grammaire 2 • • • • • • • • • • • • 赤シートで学習する際に行頭の☐にチェックを入れましょう

5 名詞：全ての名詞には性がある．
- ☐　　男性名詞　soleil_____　sport_____　courage_____　père_____　garçon_____
- ☐　　女性名詞　lune_____　musique_____　liberté_____　mère_____　fille_____
- ☐ ▶複数形　単数形＋**s**；単数形の語尾が -s → 単複同形；-eu, -eau → **-x** → -al → **-aux**
- ☐　fleur / fleurs_____　; cours / cours_____　; cheveu / cheveux_____　; animal / animaux_____

6 冠詞：名詞の性と数を示す．

☐ 不定冠詞

男性・単数	女性・単数	男女・複数
un	**une**	**des**

☐　　un village_____　une ville_____　des villages　des villes

☐ 定冠詞

男性・単数	女性・単数	男女・複数
le (l')	**la (l')**	**les**

† le, la は母音字や無音の h の前で l' となる

- ☐　　le train_____　la voiture_____　les trains　les voitures
- ☐　　l'hôtel_____　l'arbre_____　les hôtels　les arbres

7 avoir の直説法現在

☐　　　　　　　avoir [avwaːr アヴォワーる] _____

j'ai	[ʒe ジェ]	nous‿avons	[nuzavɔ̃ ヌザヴォン]
tu as	[ty a テュア]	vous‿avez	[vuzave ヴザヴェ]
il‿a	[ila イラ]	ils‿ont	[ilzɔ̃ イルゾン]
elle‿a	[ɛla エラ]	elles‿ont	[ɛlzɔ̃ エルゾン]

† je は母音字や無音の h で始まる動詞の前で j' となる

- ☐ Il a des sœurs._____
- ☐ Quel âge avez-vous ?_____　J'ai 20 ans._____
- ☐ ▶成句 Elles ont faim ?_____　Nous avons chaud._____
- ☐　　avoir＋soif_____　[faim_____　/ mal à_____　/ chaud 〈体が〉_____
- ☐　　/ froid 〈体が〉_____　/sommeil_____　/ raison_____　/ tort_____]

8 第１群規則動詞（-er 動詞）の直説法現在

☐ 〈marcher〉 _____　　　　　☐ 〈aimer〉 _____

je marche	nous marchons
tu marches	vous marchez
il marche	ils marchent

j'aime	nous aimons
tu aimes	vous aimez
il aime	ils aiment

▶活用語尾の発音は nous は ons [―オン], vous は ez [―エ] となり，それ以外の活用語尾は無音．

8　*huit*

Exercices 2   下線部に和訳を赤ペンで書き入れましょう

† 間違えた問題などを赤ペンで訂正し，行頭の□にチェックを入れ，再度赤シートで学習しましょう．

1 （ ）内に指示に従って適切な冠詞を入れ，単語の意味を書きなさい．
- □ 不定冠詞　1.（ ）père_____　2.（ ）voiture_____　3.（ ）sœurs_____　4.（ ）ville_____
- □ 定冠詞　　1.（ ）arbre_____　2.（ ）dictionnaire_____　3.（ ）mères_____　4.（ ）fleur_____

2 下線部から適切な冠詞を選び（ ）内にその語を記入し，文を和訳しなさい．
- □ 1. J'aime un / le / des sport.　　　（　　）_____
- □ 2. Ils ont une / les / un fille.　　　（　　）_____
- □ 3. C'est les / une / des bonne idée !　（　　）_____
- □ 4. Vous avez une / les / des sœurs ?　（　　）_____

3 avoir 動詞を直説法現在で正しく活用させて下線部に記入し，文を和訳しなさい．
- □ 1. J'_____ mal à la tête.　　　_____
- □ 2. Vous _____ soif ?　　　　_____
- □ 3. Marc _____ un frère.　　　_____
- □ 4. Elles _____ les cheveux longs.　_____

4 〈 〉内の動詞を直説法現在に正しく活用させて下線部に記入し，和訳しなさい．
- □ 1. Laurène 〈marcher〉_____ vite.　　_____
- □ 2. Vous 〈travailler〉_____ cet après-midi ?　_____
- □ 3. Le train 〈arriver〉_____ à 9 heures.　_____
- □ 4. Mathieu et Marc 〈regarder〉_____ la télévision.　_____

Expressions 2 数詞 1–20 / 月 / 曜日 / 季節   下線部に和訳を赤ペンで書き入れましょう

- □ Le combien sommes-nous ? _____
- □ 　　— Nous sommes le 14 juillet. _____
- □ ▶日付の 1 日は序数の 1^{er}(premier) となる． *ex.* 2014年1月1日（水）→ le mercredi 1er janvier 2014

□ ▶数詞：1 un, une [œ̃, yn]　2 deux [dø]　3 trois [trwa]　4 quatre [katr]　5 cinq [sɛ̃:k]
　　　　　6 six [sis]　7 sept [sɛt]　8 huit [ɥit]　9 neuf [nœf]　10 dix [dis]

　　　　11 onze [ɔ̃:z]　12 douze [du:z]　13 treize [trɛ:z]　14 quatorze [katɔ:rz]　15 quinze [kɛ̃:z]
　　　　16 seize [sɛ:z]　17 dix-sept [disɛt]　18 dix-huit [dizɥit]　19 dix-neuf [diznœf]　20 vingt [vɛ̃]

□ ▶月：Nous sommes en avril. / Nous sommes au mois de juin. _____ / _____

　　　1月 janvier　2月 février　3月 mars　4月 avril　5月 mai　6月 juin
　　　7月 juillet　8月 août　9月 septembre　10月 octobre　11月 novembre　12月 décembre

□ ▶曜日：C'est mercredi. / Aujourd'hui c'est samedi. _____ / _____

　　　月 lundi　火 mardi　水 mercredi　木 jeudi　金 vendredi　土 samedi　日 dimanche

□ ▶季節：春 (に) (au) printemps / 夏 (に) (en) été / 秋 (に) (en) automne / 冬 (に) (en) hiver

Exercices supplémentaires 2 •

🎧20 ▶Écoutez bien. （CDを聞いて下さい）

適切な応答文の番号を（ ）内に書き，問いの文をフランス語で記入して，和訳しなさい．

☐ 1. ① Oui, j'ai faim.　　② Oui, j'ai soif.
　　（　）仏文：_____

☐ 2. ① J'ai 18 ans.　　② Elle a 14 ans.
　　（　）仏文：_____

☐ 3. ① Oui, il aime le sport.　　② Oui, il aime la musique.
　　（　）仏文：_____

☐ 4. ① Oui, elle est française.　　② Oui, elles sont françaises.
　　（　）仏文：_____

▶Écrivez.

1 （ ）内に être あるいは avoir を直説法現在に活用させて，文を和訳しなさい．

☐ 1. Mathieu (　　　　) une voiture.
☐ 2. Emma et Jeanne (　　　　) françaises.
☐ 3. Agnès (　　　　) étudiante.
☐ 4. Vous (　　　　) mal à la tête ?

2 （ ）内の動詞を直説法現在に活用させて下線部に記入し，文を和訳しなさい．

☐ 1. Laurène et Marc (parler _____) français.
☐ 2. Tu (danser _____) bien.
☐ 3. Le cours (commencer _____) à midi.
☐ 4. Vous (visiter _____) le musée ce matin ?

3 日本語で指示された語の特徴を持たない語を①〜③の中から選んで○をつけ，意味を書きなさい．

☐ 1. 国籍　① américain _____　② médecin _____　③ français _____
☐ 2. 月　　① juillet _____　② jeudi _____　③ janvier _____
☐ 3. 職業　① acteur _____　② artiste _____　③ août _____
☐ 4. 曜日　① voiture _____　② vendredi _____　③ mercredi _____
☐ 5. 季節　① printemps _____　② tête _____　③ été _____
☐ 6. 植物　① arbre _____　② fleur _____　③ automne _____
☐ 7. 天体　① courage _____　② lune _____　③ soleil _____
☐ 8. 時　　① demain _____　② après-midi _____　③ train _____
☐ 9. 家族　① mère _____　② sœur _____　③ ville _____
☐ 10. 動詞　① hiver _____　② travailler _____　③ marcher _____

4 下線部の名詞または代名詞を，単数は複数に，複数は単数に変えて文を書き換え和訳しなさい．

☐ 1. <u>Elles</u> sont françaises. _____
☐ 2. J'ai un <u>cours</u>. _____
☐ 3. Il a une <u>sœur</u>. _____
☐ 4. J'ai une <u>fille</u>. _____

10 *dix*

En plus 2　第1群規則動詞

　全ての動詞は変化をしない"語幹"と主語の人称によって活用変化する"語尾"から成り立ち，変化する以前のもとの形を不定詞（原形）という．「第1群規則動詞」は不定詞の語尾が -er であり，規則的に活用し，フランス語の動詞の90%がこの動詞で占められている．

ex. danser：語幹 → dans / 語尾 → er

▶1課，2課の動詞の整理です．（* の付いた動詞は一部変則活用）

	既出の -er 動詞			さらに覚えておきたい頻出の -er 動詞	
1	aimer	好き；愛する	13	chanter	歌う
2	marcher	歩く；（物事が）うまくいく	14	donner	与える
3	travailler	働く；勉強する	15	penser	考える
4	arriver	到着する	16	étudier	学ぶ，勉強する
5	regarder	見る	17	chercher	探す
6	parler	話す	18	rentrer	帰る，戻る
7	danser	踊る	19	jouer	遊ぶ
8	*commencer	始まる；始める	20	*acheter	買う
9	visiter	訪れる	21	pleurer	泣く
10	*s'appeler	（〜という）名前である	22	*manger	食べる
11	excuser	許す	23	fermer	閉める；閉じる
12	écouter	（注意して）聞く	24	demander	尋ねる

Pause-café　日本とフランス

　日本から約9740キロ，冬は8時間，夏は7時間の時差があるフランス，ドイツと並ぶEUの大国です．面積は約54万km² （仏本土）で日本のほぼ1.5倍，人口は約6,503万人（2011年，仏国立統計経済研究所）で日本の半分弱ですが，日本とは違って乳幼児の出生率が上がり，人口も増加しています．食料の自給率は130%，豊かな農業国でもあります．首都パリは北緯48.51度で，稚内（北緯45.40度）よりも北にあります．でも暖かな北大西洋海流，地中海のおかげで，気候は比較的温暖です．日本からパリに行くには飛行機で約11時間（Tokyo-Paris）．セーヌ河岸が世界遺産に登録され，ルーブル宮をはじめとする遺産が市内にあふれるパリは，まさに「花の都」です．

Leçon 3

Dialogue 3 ・・・・・・・・・・・・・・・・・ date : _____

- ☐ Marc : Qui est cette jeune fille sur la photo ?
- ☐ Laurène : C'est ma sœur, Dorothée.
- ☐ Elle est danseuse de ballet.
- ☐ Marc : Elle est très belle et charmante.

Grammaire 3 ・・・・・・・・・・ 赤シートで学習する際に行頭の☐にチェックを入れましょう

9 形容詞：名詞や代名詞の性と数に一致

☐

	単数	複数
男性	grand	grands
女性	grande	grandes

- ☐ Mon père est grand.
- ☐ Ma mère est petite.
- ☐ Elles sont contentes.

☐ ▶位置：名詞を修飾するとき，原則として 　名詞＋形容詞
- ☐ un livre intéressant　　　une valise lourde　　　des villes françaises
- ☐ une chambre bleue　　　[色；noir(e)　　vert(e)　　rouge　　blanc / blanche 　]

☐ ▶位置の例外：よく使われる短い形容詞　 形容詞＋名詞
- ☐ grand(e)_____, petit(e)_____, joli(e)_____, mauvais(e)_____, jeune_____,
- ☐ bon(ne)_____, gros(se)_____, beau / belle_____, vieux / vieille

† 複数形名詞の前に形容詞があると，不定冠詞の des は原則として de となる．

10 指示形容詞「この，あの，その／これらの，あれらの，それらの」

☐

男性・単数	女性・単数	複数
ce (cet)	cette	ces

- ☐ ce beau garçon
- ☐ cet enfant heureux

† ce は母音字や無音の h で始まる語の前では cet となる．

11 所有形容詞

☐

	男性・単数	女性・単数	複数
私の	mon	ma (mon)	mes
君の	ton	ta (ton)	tes
彼(女)の	son	sa (son)	ses
私たちの	notre		nos
あなた(方)の, 君たちの	votre		vos
彼(女)らの	leur		leurs

- ☐ ton frère
- ☐ ses filles
- ☐ mes parents
- ☐ vos fils
- ☐ votre fils
- ☐ ton école
- ☐ mon amie

† ma, ta, sa は母音字や無音の h 前では mon, ton, son となる．

12 提示表現

☐ ▶**Voici**・・「ここに～があります（います）」；　**Voilà**・・・「あそこに～があります（います）」

☐ ▶**C'est**・・「それは（これは）～です」；　**Ce sont**・・「それらは（これらは）～です」
- ☐ Voici un beau village.　　　Voilà des photos de ma famille.
- ☐ C'est un bon vin blanc.　　　Ce sont les robes de Françoise.

☐ ▶**Il y a**「～があります（います）」
- ☐ Il y a beaucoup d'étudiants étrangers dans cette université.

Leçon 3

Exercices 3 ・・・・・・・・・・・・・・・・・・・・下線部に和訳を赤ペンで書き入れましょう

† 間違えた問題などを赤ペンで訂正し，行頭の□にチェックを入れて，再度赤シートで学習しましょう．

1（　）内に適切な不定冠詞あるいは定冠詞を入れ，文を和訳しなさい．
- □ 1. Voilà（　）voiture. C'est（　）voiture de Mathieu. ....
- □ 2. Voici（　）livres. Ce sont（　）livres de mon père. ....

2 下線部から適切な語を選び（　）内にその語を記入し，文を和訳しなさい．
- □ 1. <u>Ton / Ta / Tes</u> sœur s'appelle comment?　　（　　）......................................
- □ 2. <u>Ce / Cet / Cette</u> chien est gros.　　（　　）......................................
- □ 3. <u>Votre / Vos / Ton</u> parents sont grands.　　（　　）......................................
- □ 4. Je suis content de <u>mon / mes / ma</u> robe blanche.（　　）......................................

3 下線部の形容詞を適切な形にして（　）内に記入し，文を和訳しなさい．
- □ 1. Laurène est <u>joli</u>.　　（　　　　　）......................................
- □ 2. Ils sont <u>petit</u>.　　（　　　　　）......................................
- □ 3. Elle a les cheveux <u>long</u>.　　（　　　　　）......................................
- □ 4. Cette valise est <u>lourd</u>.　　（　　　　　）......................................

4（　）内の語を用いて日本語に対応するフランス語の文を作りなさい．文頭は大文字にして，文末にはピリオドや疑問符を忘れずに入れましょう．

- □ 1. この木は大きい．(cet, grand, arbre, est)
　　　　　　　　　　　　　　　_____

- □ 2. この部屋はとても小さい．(petite, chambre, est, très, cette)
　　　　　　　　　　　　　　　_____

- □ 3. 私たちは満足しています．(sommes, contents, nous)
　　　　　　　　　　　　　　　_____

Expressions 3 家族 ・・・・・・・・・・・・・・・・・・下線部に和訳を書きましょう

🔊24
- □ Madame Moreau, vous avez des enfants? ....
- □ — Oui, j'ai deux filles, Dorothée et Laurène. ....

- □ Qu'est-ce qu'elles font? ....
- □ — L'une est danseuse, et l'autre est éudiante en sociologie. ....

- □ Combien de frères avez-vous, Marc? ....
- □ — J'ai un frère. Il s'appelle Mathieu. ....

- □ Comment est-il? ....
- □ — Il est grand et gentil. ....

🔊25
- □ bébé 赤ちゃん，　enfant 子供，　fille 娘, 少女，　fils 息子，　parents 両親，　père 父，　mère 母
- □ sœur 姉妹，　frère 兄弟，　grand-père 祖父，　grand-mère 祖母，　femme 妻, 女性，　mari 夫

treize 13

Exercices supplémentaires 3

▶ **Écoutez bien.** （CDを聞いて下さい）
前頁の Expressions からの質問です．適切な応答文を下記の ① ② から選び（ ）内に番号を書き，その後に問いの文をフランス語で記入し，和訳を入れなさい．

☐ 1. ① Oui, elle a deux filles.　② Oui, elle a deux sœurs.
　　（　）仏文：_____　_____
☐ 2. ① Oui, elle est danseuse.　② Non, elle est étudiante.
　　（　）仏文：_____　_____
☐ 3. ① Oui, il a un frère.　② Oui, elle a un frère.
　　（　）仏文：_____　_____
☐ 4. ① Il s'appelle Marc.　② Il s'appelle Mathieu.
　　（　）仏文：_____　_____

▶ **Écrivez.**

1 下線部から適切な語を選び（ ）内にその語を記入し，文を和訳しなさい．
☐ 1. Mon père aime la / ce / les vin rouge.　（　　　）_____
☐ 2. Ton / Ta / Tes école est petite?　（　　　）_____
☐ 3. Ce / Cette / Cet enfant est heureux.　（　　　）_____
☐ 4. Il donne ces / le / ce fleurs à sa mère.　（　　　）_____

2 （ ）内の語を下線に書き入れ，日本語に対応するフランス語の文を作りなさい．
　　　　　　　　　　　　　　　　［文頭は大文字に，文末にはピリオドや疑問符を忘れずに］
☐ 1. これはフランスの小さな村です．(français, petit, village, un)
　　C'est _____.
☐ 2. 庭にはたくさんの人々がいます．(beaucoup, gens, de, a, dans)
　　Il y _____ le jardin.
☐ 3. テーブルの上に一冊の本があります．(livre, la, a, un, sur)
　　Il y _____ table.

En plus 3　形容詞

▶ 名詞の前に置かれる形容詞
☐ grand, e 大きい ⟷ petit, e 小さい　　　bon, ne 良い ⟷ mauvais, e 悪い
☐ jeune 若い ⟷ vieux / vieille 年老いた　　gros, se 太った　joli, e 可愛い　beau / belle 美しい
▶ 反意語
☐ long, ue 長い ⟷ court, e 短い　　　riche 金持ちの ⟷ pauvre 貧しい
☐ facile 簡単な ⟷ difficile 難しい　　　haut, e 高い ⟷ bas, se 低い
▶ 色
☐ noir, e 黒い　　bleu, e 青い　　vert, e 緑の　　rouge 赤い　　blanc / blanche 白い

▶ 男性単数第2形：母音字や無音のhではじまる**男性単数名詞**の前に置かれた時に用いられる．
☐ 男性単数第2形をもつ形容詞：beau 美しい，nouveau 新しい，vieux 年老いた

男性・単数	女性・単数
beau　　(bel)	belle
nouveau (nouvel)	nouvelle
vieux　　(vieil)	vieille

ex. un <u>bel</u> arbre / de <u>beaux</u> arbres 美しい木 / 美しい木々
　　un <u>nouvel</u> appartement / de <u>nouveaux</u> appartements
　　　　　　　　　　　　　　　　　　　新しいアパルトマン

14　*quatorze*

Pause-café 自由，平等，友愛 •

Liberté, Égalité, Fraternité

フランス政府のロゴ

　「自由，平等，友愛」はフランス共和国の標語です．その起源はフランス革命 (1789)にあり，革命期のスローガンの中のひとつでした．しかし公式に採用されるのは19世紀末の第三共和政になってからです．20世紀半ばになると国の標語として 1958 年憲法にも明記され，今日では国家遺産の一部となっています．

　フランス政府のロゴに描かれているのは「マリアンヌ」で，フランス共和国の象徴です．この自由と共和政を表すフリジア帽をかぶった女性像が登場し始めたのは，フランス革命のときでした．自由の象徴であるフリジア帽は，古代のギリシャやローマで解放された奴隷がかぶっていました．マリアンヌは郵便切手のように極めて広く配布されるものにも描かれています．

　そして青・白・赤から成る三色旗もまたフランス革命の象徴として 1789 年に原形が作られました．パリ市の色である赤と青に王室の色である白を加わえたという説が有力です．

　フランス革命はブルジョワジーと都市の民衆，農民が王政を打倒し，新しい社会体制への移行を決定づけた血まみれの変革でした．その背景には理性を掲げる啓蒙思想の影響や旧体制の財政難があり，1799 年にはナポレオンの台頭により革命終結宣言が発布されますが，革命の理念と理想は純粋な情熱と犠牲に支えられていました．その象徴として，こうしたロゴが現在も革命の正当性やフランスの理想を受けついでいるのでしょう．

Leçon 4

Dialogue 4 · date : _____

- *À la bibliothèque.*
- Marc : Ah, je suis fatigué. Je veux boire du café.
- Laurène : Moi, je veux manger une tarte aux fraises.
- Alors, nous finissons nos devoirs tout de suite.
- Marc : Je suis tout à fait d'accord avec toi !

Grammaire 4 · · · · · · · · · · · 赤シートで学習する際に行頭の□にチェックを入れましょう

13　第2群規則動詞（-ir 動詞）の直説法現在

□ ⟨finir⟩ _____

je fin**is**	nous fin**issons**
tu fin**is**	vous fin**issez**
il fin**it**	ils fin**issent**

□ 同型活用：⟨choisir⟩ _____ ⟨réussir⟩ _____
□ Nous chois**issons** notre appartement.
□ Tu réuss**is** toujours à tes examens. _____

14　部分冠詞

男性形	女性形
du (de l')	**de la** (de l')

□ du vin _____, du beurre _____, du thé _____, du fromage _____
□ de la viande _____, de la confiture _____
□ Tu veux de l'eau ? _____　　Il a de l'argent ? _____
□ Elle a du courage. _____　　J'ai de la chance ! _____

15　vouloir / pouvoir の直説法現在

□ ⟨vouloir⟩ _____

je **veux**	nous **voulons**
tu **veux**	vous **voulez**
il **veut**	ils **veulent**

□ ⟨pouvoir⟩ _____

je **peux**	nous **pouvons**
tu **peux**	vous **pouvez**
il **peut**	ils **peuvent**

□ Je veux une robe d'été. _____　　Elle veut partir tout de suite. _____
□ Marie peut sortir ce soir. _____　　Pouvez-vous fermer la porte ? _____
　　［可能］　　　　　　　　　　　　［依頼］

16　否定文

□ ne (n') ＋動詞＋ pas　「～ない」
□ Ce ne sont pas des gâteaux. _____　　Il n'aime pas les pommes. _____
□ Jean n'a pas de chance. _____　　Jeanne n'a pas de frères.
　† 直接目的補語につく不定冠詞（un, une, des）・部分冠詞（du, de la, de l'）は否定文中で de となる．

▶その他の否定表現

□ ne (n') ～ personne　「誰も～ない」
□ 　Il n'y a personne dans le parc. _____

□ ne (n') ～ plus　「もう～ない」
□ 　Il n'y a plus de vin dans la bouteille. _____

□ ne (n') ～ jamais　「けっして～ない」
□ 　Je ne regrette jamais. _____

16　*seize*

Leçon 4

Exercices 4 • • • • • • • • • • • • • • • • • • • 下線部に和訳を赤ペンで書き入れましょう

† 間違えた問題などを赤ペンで訂正し，行頭の□にチェックを入れて，再度赤シートで学習しましょう．

1 動詞 finir を直説法現在に活用させて下線部に記入し，文を和訳しなさい．
- □ 1. Le concert _____ à 9 heures du soir ? ....
- □ 2. Je _____ mes devoirs tout de suite. ....
- □ 3. Tu peux _____ ton travail vers 7 heures ? ....
- □ 4. Ils _____ le petit déjeuner. ....

2 (　) 内に適切な語を記入し，文を和訳しなさい．
- □ 1. Les Français aiment boire (　) vin avec (　) fromage.
  ....
- □ 2. Charline mange (　) pain avec (　) confiture et boit (　) café au lait tous les matins.
  ....
- □ 3. Jeanne d'Arc a (　) courage, mais elle n'a pas (　) chance.
  ....

3 次の文を否定文に書き換え，文を和訳しなさい．
- □ 1. Je suis française. _____ ....
- □ 2. Laurène est italienne. _____ ....
- □ 3. Nous voulons des cadeaux de Noël. _____
  ....

4 (　) 内の語を用いて日本語に対応するフランス語の文を作りなさい．
- □ 1. ドアを開けてくれますか？ (la, ouvrir, vous)
  Pouvez-_____ porte ?
- □ 2. 彼はチーズが好きではない． (le, fromage, aime, pas)
  Il n' _____.
- □ 3. 教室には誰もいません． (personne, a, la, dans)
  Il n'y _____ classe.

🎧31 **Expressions 4** 冠詞の使い分け / 婉曲表現 • • • • • • • • • • • • 下線部に和訳を書きましょう

▶冠詞の使い分け
- □ (総称として) J'aime le café. ....
- □ (いくらかの量) Je veux du café. ....
- □ (注文するときに) Un café, s'il vous plait. ....

▶婉曲表現：〈Je veux bien ~〉, 〈Je prendrais bien ~〉 (動詞 prendre の条件法) など
- □ Voulez-vous boire quelque chose ?　Du café, du thé, du jus d'orange, de la tisane ?

- □ — Je veux bien du thé. ....
- □ — Je prendrais bien du jus d'orange. ....

dix-sept 17

Exercices supplémentaires 4

▶ **Écoutez bien.** （CDを聞いて下さい）
　適切な応答文の番号を（　）内に書き，問いの文をフランス語で記入して，和訳しなさい．

☐ 1. ① Oui, je veux bien. 　　② Oui, je veux du thé.
　　（　）仏文：_____　_____

☐ 2. ① Oui, elle a de la chance. 　② Non, elle n'a pas de courage.
　　（　）仏文：_____　_____

☐ 3. ① Oui, elle peut sortir. 　　② Oui, elle veut sortir.
　　（　）仏文：_____　_____

▶ **Écrivez.**

1 （　）内に適切な語を記入し，文を和訳しなさい．
☐ Elle mange (　) salade, (　) soupe, un peu (　) viande, et bois (　) eau minérale.
_____

2 〈　〉内の動詞を直説法現在に活用させて下線部に記入し，文を和訳しなさい．
☐ 1. Je 〈choisir〉 _____ de la mousse au chocolat.　_____
☐ 2. Les vacances 〈finir〉 _____ bientôt.　_____
☐ 3. Ils 〈vouloir〉 _____ voyager à l'étranger.　_____

3 （　）内の語を下線に書き入れ，日本語に対応するフランス語の文を作りなさい．
☐ 1. よく考えなければ選べません． （peux, sans, choisir, pas）
　　Je ne _____ réfléchir.
☐ 2. フランス料理を習いたいですか？ （cuisine, la, apprendre, française）
　　Voulez-vous _____ ?

En plus 4　冠詞

▶ 定冠詞：① 特定化されている名詞の場合．
☐　　　　　　　C'est la mère de Laurène.　　この人はロレーヌの母です．
　　② すでに話題にでていたり相手も知っている名詞の場合．「その〜」
☐　　　　　　　Il y a un livre sur la table.　　（その）テーブルの上に本があります．
　　③ 総称的に全体を表す名詞の場合．「〜というもの」
☐　　　　数えられない名詞には単数定冠詞　J'aime le ballet.　私はバレエが好きです．
☐　　　　数えられる名詞には複数定冠詞　Il aime les chiens.　彼は犬が好きです．

▶ 不定冠詞：不特定で数えられる名詞の場合．「ある〜/ある一つの/いくつかの〜」
☐　　　　　　　C'est un livre.　　これは（一冊の）本です．

▶ 部分冠詞：水や空気，情熱や勇気などの数えられない名詞の場合．「いくらかの〜/ある程度の〜」
☐　　　　　　　Elle veut de l'eau.　　彼女は（いくらかの量の）水がほしい．
　　　　対象となる名詞の捉え方で冠詞も異なる：数 → 不定冠詞 / 量 → 部分冠詞
☐　　　　　　　Je choisis un gâteau chez le pâtissier.　私はお菓子屋さんでケーキを選びます．
☐　　　　　　　Je mange du gâteau dans la salle à manger.　私は食堂でケーキを食べます．

18　*dix-huit*

Leçon 4

Pause-café ヴォルテール・・・・・・・・・・・・・・・・・・・・・・・・・・・・

Plus les hommes seront éclairés, et plus ils seront libres.
人間は理性的になればなるほど、さらに自由になる.

(Voltaire 1694-1776)

フランス18世紀，啓蒙主義を代表する哲学者，作家.
　　本名アルエ (Arouet) をもじって「アルエット (Alouette ; ヒバリ) 殿」と声をかけた貴族と決闘して投獄されたと言われる若い日から，「棺の半分は教会の墓地,もう半分はその外に」と遺言した晩年まで，反骨精神の持ち主だった．プロテスタントを弾圧するカトリックに対して，" Écrasez les infâmes！"「醜類を踏みつぶせ」（保苅瑞穂著『ヴォルテールの世紀』より）をスローガンに信教の自由を擁護し，その名声はヨーロッパ中に響き渡った．

フランスの大学 " École des Hautes Études Commerciales " (HEC) での1コマ

dix-neuf 19

Leçon 5

Dialogue 5 ・・・・・・・・・・・・・・ date : _____

- *Au musée d'Orsay.*
- Marc : Qu'est-ce que tu achètes ?
- Laurène : Un livre sur Degas.
-          Regarde.　Tu connais ce tableau ?
- Marc : Bien sûr.　C'est « *L'Étoile* » !

Grammaire 5 ・・・・・・・・・ 赤シートで学習する際に行頭の□にチェックを入れましょう

17　疑問代名詞 qui / que

- ▶ ~は誰　Qui est-ce ? _____ C'est Mathieu, le frère de Marc.
- 誰が~　Qui est à l'appareil ? (電話で)　C'est Monsieur Moreau.
- 誰を~　Qui est-ce que vous cherchez ?

- ▶ ~は何　Qu'est-ce que c'est ? _____ C'est un porte-bonheur.
- 何が~　Qu'est-ce qui arrive ? _____ Ma voiture est en panne.
- 何を~　Qu'est-ce que vous cherchez ?

18　命令法：tu ~, vous ~, nous ~ から主語を除き，相手に自分の意思を命令や勧誘の形で表す．

- 不定詞　　　　　　　　　　　〈chanter〉
- (tu 君に対して)　　　　　　　Chante.　「歌いなさい / 歌って」
- (nous 私たちに対して)　　　　Chantons.　「歌いましょう」
- (vous あなた（たち）/ 君たちに対して)　Chantez.　「歌って下さい / 歌いなさい」

† tu に対する -er 動詞や aller (行く) の命令形は，活用語尾の s を取る．

19　faire / prendre の直説法現在

- ▶ 〈faire〉 _____

je fais	nous faisons [f(ə)zɔ̃]
tu fais	vous faites
il fait	ils font

- faire la cuisine (des courses)
- faire le ménage (un gâteau)
- Qu'est-ce que tu fais aujourd'hui ?
- Je fais du sport.

- Qu'est-ce que vous faites (dans la vie) ?　　Je suis médecin.

- ▶ 〈prendre〉 _____

je prends	nous prenons
tu prends	vous prenez
il prend	ils prennent

- 同型活用〈apprendre〉　〈comprendre〉
- prendre un café
- prendre une douche
- prendre un taxi (le train)

- Qu'est-ce que vous prenez comme boisson ?

20　疑問文と応答：疑問詞のない疑問文の場合

- 肯定疑問文：**Oui**, ~「はい，」**Non**, ~「いいえ，」‖ 否定疑問文：**Si**, ~「いいえ，」**Non**, ~「はい，」
- ▶ Ils sont français ?　　　　　　Oui, ils sont français.
- 　　　　　　　　　　　　　　　Non, ils ne sont pas français.
- ▶ Tu n'es pas japonaise ?　　　　Si, je suis japonaise.
- 　　　　　　　　　　　　　　　Non, je ne suis pas japonaise.

Leçon 5

Exercices 5 • 下線部に和訳を赤ペンで書き入れましょう

† 間違えた問題などを赤ペンで訂正し，行頭の□にチェックを入れて，再度赤シートで学習しましょう．

1 次の文を和訳しなさい．
- □ 1. Qui est-ce ?
- □ 2. Qui fait la cuisine ce soir ?
- □ 3. Qui aimes-tu ?
- □ 4. Qu'est-ce que c'est ?
- □ 5. Qu'est-ce qui arrive ?
- □ 6. Qu'est-ce que tu fais cet après-midi ?

2 〈　〉内の動詞を直説法現在，あるいは命令法に活用させて下線部に記入し，文を和訳しなさい．
- □ 1. Pierre 〈faire〉 _____ du vélo.
- □ 2. Qu'est-ce que vous 〈prendre〉 _____ comme dessert ?
- □ 3. 〈Écouter〉 _____, s'il vous plaît.

3 疑問文を和訳し，その質問に対してフランス語で答えなさい．① 「はい」 ② 「いいえ」
- □ 1. Il est étudiant ?
  ① _____ ② _____
- □ 2. Monsieur Moreau ne fait pas le ménage ?
  ① _____ ② _____

Expressions 5 疑問と応答 • • • • • • • • • • • • • • • • • 下線部に和訳を書きましょう

🔊36 ▶肯定疑問文
- □ Tu es libre ce soir ?
- □ — Oui, je suis libre.
- □ — Non, je ne suis pas libre. Je suis occupée.

▶否定疑問文
- □ Vous n'avez pas faim ?
- □ — Si, j'ai faim.
- □ — Non, je n'ai pas faim. J'ai soif.

🔊37 ▶否定形：エリジオンに注意．
- □ 〈être〉 je ne suis pas　　nous ne sommes pas　　□ 〈avoir〉 je n'ai pas　　nous n'avons pas
  　　　　　tu n'es　pas　　vous n'êtes　　pas　　　　　　　　　tu n'as pas　　vous n'avez　pas
  　　　　　il n'est　pas　　ils ne sont　　pas　　　　　　　　　il n'a pas　　　ils n'ont　　pas
  　　　　　elle n'est pas　　elles ne sont pas　　　　　　　　　elle n'a pas　　elles n'ont　pas

▶倒置形：3人称単数の動詞が母音字で終わるとき，il, elle の間に -t- を入れリエゾンする．
- □ 〈avoir〉 A-t-il sommeil ? A-t-elle raison ? / 〈chanter〉 Chante-t-il ? Chante-t-elle ?

▶主語が代名詞以外：主語はそのままで，主語の性・数に対応する3人称の代名詞を用いて倒置．
- □ 　　　　Laurène et Marc sont-ils étudiants ?

vingt et un 21

Exercices supplémentaires 5 •

▶ **Écoutez bien.** （CD を聞いて下さい）
　　適切な応答文の番号を（ ）内に書き，問いの文をフランス語で記入して，和訳しなさい．

☐ 1. ① Je cherche mon frère. 　　② Je cherche ma clef.
　　（ 　 ）仏文：＿＿＿＿＿＿＿＿＿＿＿＿＿＿＿＿＿＿＿＿＿＿＿＿＿　＿＿＿＿＿＿＿＿＿＿＿＿＿＿＿＿＿

☐ 2. ① C'est madame Dupont. 　　② C'est une maison.
　　（ 　 ）仏文：＿＿＿＿＿＿＿＿＿＿＿＿＿＿＿＿＿＿＿＿＿＿＿＿＿　＿＿＿＿＿＿＿＿＿＿＿＿＿＿＿＿＿

☐ 3. ① Oui, ils sont japonais. 　　② Si, ils sont japonais.
　　（ 　 ）仏文：＿＿＿＿＿＿＿＿＿＿＿＿＿＿＿＿＿＿＿＿＿＿＿＿＿　＿＿＿＿＿＿＿＿＿＿＿＿＿＿＿＿＿

▶ **Écrivez.** En plus 5 の「変化しない疑問代名詞」を参照してから，下記の問いに答えなさい．

1 （ ）内の指示に従い下線部に適切な疑問代名詞を書き入れ，文を和訳しなさい．

☐ 1.（何を 　　）＿＿＿＿＿＿＿＿＿＿＿＿＿＿＿＿ vous voulez ?　＿＿＿＿＿＿＿＿＿＿＿＿＿＿＿
☐ 2.（何が 　　）＿＿＿＿＿＿＿＿＿＿＿＿＿＿＿＿ ne va pas ?　＿＿＿＿＿＿＿＿＿＿＿＿＿＿＿
☐ 3.（誰 　　　）＿＿＿＿＿＿＿＿＿＿＿＿＿＿＿＿ êtes-vous ?　＿＿＿＿＿＿＿＿＿＿＿＿＿＿＿
☐ 4.（誰を 　　）＿＿＿＿＿＿＿＿＿＿＿＿＿＿＿＿ vous demandez ?　＿＿＿＿＿＿＿＿＿＿＿＿＿＿＿
☐ 5.（何が 　　）＿＿＿＿＿＿＿＿＿＿＿＿＿＿＿＿ il y a sur la table ?　＿＿＿＿＿＿＿＿＿＿＿＿＿＿＿
☐ 6.（誰が 　　）＿＿＿＿＿＿＿＿＿＿＿＿＿＿＿＿ ferme la porte ?　＿＿＿＿＿＿＿＿＿＿＿＿＿＿＿
☐ 7.（何について）De ＿＿＿＿＿＿＿＿＿＿＿＿＿＿＿ parlent-ils ?　＿＿＿＿＿＿＿＿＿＿＿＿＿＿＿
☐ 8.（誰に 　　）À ＿＿＿＿＿＿＿＿＿＿＿＿＿＿＿ téléphonez-vous ?　＿＿＿＿＿＿＿＿＿＿＿＿＿＿＿
☐ 9.（誰と 　　）Avec ＿＿＿＿＿＿＿＿＿＿＿＿＿＿＿ voyage-t-il ?　＿＿＿＿＿＿＿＿＿＿＿＿＿＿＿
☐ 10.（何を 　　）À ＿＿＿＿＿＿＿＿＿＿＿＿＿＿＿ pense-t-elle ?　＿＿＿＿＿＿＿＿＿＿＿＿＿＿＿

2 （ ）内に適切な疑問代名詞を書き入れ，文を和訳しなさい．

☐ 1.（ 　　　　　） c'est ? — C'est une école.　＿＿＿＿＿＿＿＿＿＿＿＿＿＿＿＿＿
☐ 2.（ 　　　　　） t'arrive ? — J'ai mal aux pieds.　＿＿＿＿＿＿＿＿＿＿＿＿＿＿＿＿＿
☐ 3.（ 　　　　　） vous attendez ? — C'est Marie.　＿＿＿＿＿＿＿＿＿＿＿＿＿＿＿＿＿

En plus 5 変化しない疑問代名詞 / 基本の 6 文型 / 文の要素 • • • • • • • • • • • • • •

▶ 変化しない疑問代名詞　　　　　　　　　　　　　　　　　　　　　　　　　　　　［検定 4・3 級］

☐
	人		物	
主語	誰が	**qui** **qui est-ce qui**	何が	**qu'est-ce qui**
属詞 直接目的補語	誰 誰を	**qui**（＋倒置形） **qui est-ce que**	何 何を（が）	**que**（＋倒置形） **qu'est-ce que**
間接目的補語 状況補語		前置詞＋**qui**（＋倒置形） 前置詞＋**qui est-ce que**		前置詞＋**quoi**（＋倒置形） 前置詞＋**quoi est-ce que**

☐ ［複合形の整理］　　Qui　est-ce　qui　　　　Qu'est-ce　qui
　　　　　　　　　　　　人　　　　　主語　　　　　　物　　　　　主語
　　　　　　　　　　Qui　est-ce　que　　　　Qu'est-ce　que
　　　　　　　　　　　　人　　　直接目的補語　　　物　　　直接目的補語

† "Qu'est-ce que c'est ?" の単純形 "Qu'est-ce ?" は会話ではあまり用いられない．

▶ 基本の 6 文型

　基本文型を知らないと，いままで学習してきた疑問代名詞や否定の de の使用が十分にできません．これからの学習でも基本事項となりますので整理しておきましょう．

- Ⅰ：　主語＋動詞
　　Laurène et Marc habitent (en France). 　　　　ロレーヌとマルクは（フランスに）住んでいます．
- Ⅱ：　主語＋動詞［自動詞］＋属詞
　　Ils sont étudiants (à l'Université de Paris). 　　彼らは（パリ大学の）学生です．
- Ⅲ：　主語＋動詞［他動詞］＋直接目的補語
　　Elle achète du pain (chez le boulanger). 　　　彼女は（パン屋で）パンを買います．
- Ⅳ：　主語＋動詞［自動詞／間接他動詞］＋間接目的補語
　　Je pense (souvent) à mon avenir. 　　　　　　私は（よく）自分の将来のことを考える．
- Ⅴ：　主語＋動詞［他動詞］＋直接目的補語＋間接目的補語
　　Il donne un bouquet de violettes à son amie. 　彼は友達の女性にスミレのブーケをあげる．
- Ⅵ：　主語＋動詞［他動詞］＋直接目的補語＋属詞
　　Ma famille appelle notre chien Chocolat. 　　私の家族はうちの犬をショコラと呼んでいる．

▶ 文の要素

- ◆ 主語 (sujet)：文の主体を表す．
- ◆ 動詞 (verbe)：主語の動作・作用・状態・存在などを表す．
- ◆ 属詞 (attribut)：主語や直接目的補語の属性や状態を表す．
- ◆ 直接目的補語 (complément d'objet direct)：前置詞を介さずに，主語の行為を受ける人やもの．
- ◆ 間接目的補語 (complément d'objet indirect)：前置詞を介して，主語の行為を受ける人やもの．
- ◆ 状況補語 (complément circonstanciel)：基本文型の構成要素ではなく，時・場所・手段・目的・数量・程度などを表して文の意味を補足する．上記の 6 つの文型で（　）で括った箇所である．

Pause-café　*Hilaire Germain Edgar de Gas* • • • • • • • • • • • • • • • • • •

エドガー・ドガ（Edgar Degas 1834 年–1917 年）
フランスの画家，彫刻家．
　裕福な銀行家を父に持ち，上流家庭の中で育つ．アングルやコローに傾倒したが，70 年代に自然主義の影響を受け，描写の対象に変化が表れる．印象派展に出品．作品にはバレエを扱った主題，ことに楽屋や練習風景，舞台袖といった一般人では出入りできない場所での踊り子を描いたものが多く，踊る人間の肉体が的確に表現されている．ドガはオペラ座の定期会員であり，定期会員には座席を年単位で購入するかわりに，オペラ座の楽屋や稽古場に自由に立ち入ることができる特権が許されていた．ドガの描いたバレエの主題の多くはそこで見た風景である．
　2010 年にはパリ・オペラ座でパトリス・バール振付による「ドガの小さな踊り子」が初演されている．

† 本名は « de Gas » であるが，絵画のサインなどは « Degas »．

Leçon 6

Dialogue 6 • • • • • • • • • • • • • • • • • • date : _____

- ☐ Laurène : Qu'est-ce que tu fais ?
- ☐ Marc : Je viens de téléphoner à Mathieu.
- ☐ Laurène : Comment va-t-il ?
- ☐ Marc : Il va bien.　Maintenant, il est aux États-Unis.
- ☐ Laurène : Il voyage partout dans le monde.

Grammaire 6 • • • • • • • • • • • 赤シートで学習する際に行頭の□にチェックを入れましょう

21　前置詞 [à, de] と定冠詞 [le, la, les] の縮約

☐

à +le → au	à +les → aux
de+le → du	de+les → des

◆ à la, à l' / de la, de l' → 無変化

- ☐ Je vais à l'école.
- ☐ Elle vient de la gare en taxi.
- ☐ du café au lait　　de la soupe à l'oignon　　une tarte aux pommes
- ☐ de l'eau du robinet　　la carte des vins　　la table des matières

22　aller / venir の直説法現在

☐ ▶ ⟨aller⟩　　　/（健康状態が）

je vais	nous allons
tu vas	vous allez
il va	ils vont

- ☐ Elle va au Japon.
- ☐ Nous allons en France.
- ☐ Elles vont aux États-Unis.
- ☐ Je vais à Paris.
- ☐ Où allez-vous ?　　Je vais à l'hôpital.

☐ ▶ ⟨venir⟩

je viens	nous venons
tu viens	vous venez
il vient	ils viennent

- ☐ 同型活用 ⟨devenir⟩　　⟨revenir⟩
- ☐ Il vient du Japon en avion.
- ☐ Ils viennent de France.
- ☐ Mathieu revient des États-Unis.
- ☐ D'où vient-elle ?　　Elle vient d'Italie.

23　近接未来 / 近接過去

- ☐ ▶ 近接未来　aller＋不定詞　　「〜するところだ」
- ☐ 　　　Le film va commencer à l'heure.
- ☐ ▶ 近接過去　venir de＋不定詞　　「〜したばかりだ」
- ☐ 　　　Le train vient d'arriver en retard.

24　疑問副詞

- ☐ Quand 　「いつ」　　Tu pars quand ?
- ☐ Où 　「どこで」　　Où est le restaurant ?
- ☐ Pourquoi 　「なぜ」　　Pourquoi est-ce qu'il ne vient pas ?
- ☐ Combien 　「いくら / いくつ」　Ça fait combien ? / Ça coûte combien ?
- ☐ Comment 　「どのように」　Vous venez comment ?
  　　　　　　　　　　Comment vous appelez-vous ?
  　　　　　　　　　　Comment vas-tu ?

Leçon 6

Exercices 6 • • • • • • • • • • • • • • • 下線部に和訳を赤ペンで書き入れましょう

† 間違えた問題などを赤ペンで訂正し，行頭の□にチェックを入れて，再度赤シートで学習しましょう．

1 下線部から適切な語を選び（　）内にその語を記入し，文を和訳しなさい．
- □ 1. Vous allez en / à / au Japon ? （　　）　..
- □ 2. Tu as de l' / du / de la argent ? （　　）　..
- □ 3. Je vais au / aux / à la toilettes. （　　）　..
- □ 4. Elle veut du / de l' / des eau minérale. （　　）　..

2 下線部を正しい縮約形にして（　）内に書き入れ，文を和訳しなさい．
- □ 1. Mathieu revient de les États-Unis. （　　）　..
- □ 2. Ils vont à le cinéma. （　　）　..
- □ 3. Monsieur Dupont rentre de le bureau. （　　）　..
- □ 4. Jean a mal à les dents depuis ce matin. （　　）　..

3 （　）内の語を用いて日本語に対応するフランス語の文をつくりなさい．
- □ 1. 彼は彼の両親に電話をするところです．(ses, téléphoner, à, va)
  Il _____ parents.
- □ 2. 私たちはパリに到着したばかりです．(venons, à, arriver, d')
  Nous _____ Paris.

4 指示された適切な疑問副詞を（　）内に入れ，和訳しなさい．
- □ 1. どこ　　（　　　） est-ce que vous habitez ?　..
- □ 2. いくら　（　　　） coûte ce livre ?　..
- □ 3. いつ　　（　　　） partez-vous ?　..
- □ 4. どうして（　　　） est-ce que tu pleures ?　..

Expressions 6 疑問副詞 / 前置詞（句）• • • • • • • • • • • 下線部に和訳を書きましょう

43
- □ — Pardon monsieur, où est la gare Montparnasse ?　..
- □ — La gare n'est pas loin, mademoiselle.　..
- □ 　Vous allez tout droit, et tournez à gauche après la poste.　..
- □ 　Vous trouvez la gare sur votre droite.　..
- □ — Merci, monsieur.　..

44
- □ ▶1 位置　à gauche 左に　　à droite 右に　　tout droit まっすぐに　　en face (de) 正面に
- □ — Tu viens comment chez nous ?　..
- □ — En vélo.
- □ ▶2 手段　à pied 歩いて　en taxi タクシーで　en bus バスで　en train 電車で　en avion 飛行機で

vingt-cinq 25

Exercices supplémentaires 6

▶ **Écoutez bien.** （CDを聞いて下さい）
適切な応答文の番号を（　）内に書き，問いの文をフランス語で記入して，和訳しなさい．

- 1. ① J'aime le football. ② En face de la gare.
  (　) 仏文：_____ _____
- 2. ① Le mois prochain. ② Le mois dernier.
  (　) 仏文：_____ _____
- 3. ① Je vais bien, merci. ② Je vais à Tokyo.
  (　) 仏文：_____ _____
- 4. ① Parce qu'elle n'est pas occupée. ② Parce qu'elle n'est pas libre.
  (　) 仏文：_____ _____
- 5. ① Laurène Moreau. ② Étudiante.
  (　) 仏文：_____ _____
- 6. ① 20 ans. ② 20 euros.
  (　) 仏文：_____ _____
- 7. ① Elle va à Paris. ② Elle va bien.
  (　) 仏文：_____ _____
- 8. ① En voiture. ② En hiver.
  (　) 仏文：_____ _____

▶ **Écrivez.**

1 （　）内に適切な冠詞や前置詞などを入れて，文を和訳しなさい．

- 1. Marie aime jouer (　　　) tennis.
- 2. Où sont (　　　) toilettes ?
- 3. Je descends (　　　) prochaine gare.
- 4. C'est un gâteau fait (　　　) maison.

2 1–3 は aller を，4–6 は venir を直説法現在で活用させて下線部に記入し，（　）内には前置詞などを入れ，和訳しなさい．

- 1. Mathieu _____ (　　　) États-Unis.
- 2. Vous _____ (　　　) France.
- 3. Ils _____ (　　　) Japon.
- 4. Mathieu _____ (　　　) États-Unis.
- 5. Vous _____ (　　　) France.
- 6. Ils _____ (　　　) Japon.

3 次の文を和訳してから，(a) 近接未来　(b) 近接過去　の文に書き換えなさい．

- 1. Il prend le petit déjeuner.
- (a) _____ (b) _____
- 2. Je mange une tarte aux marrons.
- (a) _____ (b) _____

En plus 6 検定5・4級のポイント：前置詞(句), 時, 前置詞と国名

▶1 前置詞(句) [検定5・4級]

- □ **à** （場所／方向）〜に／〜へ Elle est à Paris. （時間）〜に à midi （動作の対象）〜に à mon ami
- □ **de** （所有／所属）〜の le père de Jean （場所）〜から de Tokyo （分量など）〜の beaucoup de
  （主題）〜について parler de （受動態の動作主）〜から de tout le monde
- □ **en** （場所）〜に en France （季節）〜に en automne （手段）〜で en train
- □ **pour** （用途）のための livre pour enfants （方向）〜に向かって partir pour la France

□ 位置

dans	の中	sur	の上	devant	の前	entre A et B	AとBの間に	près (de)	の近くに
chez	の家	sous	の下	derrière	の後ろ	à côté de	の隣に	loin (de)	から遠くに

□

pendant	の間	vers	頃	avant	(時)の前	après	の後	sauf	を除いて
depuis	以来	avec	一緒に	de ... à 〜	…から〜まで	sans	なしで	par	から

□ jusqu'à （所／時）まで／ dans （時間：今から）後に／ il y a （時間：今から）前に／ à partir de 〜から

▶2 時を表すその他の表現

□

maintenant	今	toujours	いつも	souvent	しばしば	matin	朝	soir	晩
aujourd'hui	今日	après-midi	午後	parfois	時には	demain	明日	hier	昨日

□ de temps en temps 時々   tous les jours 毎日

▶3 前置詞と国名

□ 前置詞＋国名

	男性名詞の国名	女性名詞の国名母音・無音のh	複数形の国名
1)〜で／〜へ	**au** (à+le)	**en** （冠詞はなく前置詞のみ）	**aux** (à+les)
2)〜から	**du** (de+le)	**de** （冠詞はなく前置詞のみ）	**des** (de+les)

- □ 1)「〜で／〜へ」：動詞〈aller「行く」／ être「いる」／ habiter「住む」〉と共に
- □   Je vais au Japon.　　　　　　　　　　　私は日本へ行く．
- □   Ils sont en France.　　　　　　　　　　彼らはフランスにいる．
- □   Vous habitez aux États-Unis ?　　　　あなたはアメリカに住んでいるのですか？
- □ 2)「〜から」：動詞〈venir「来る」／ rentrer「帰る」／ revenir「戻る」〉と共に
- □   Nous venons du Japon.　　　　　　　　私たちは日本から来ています．
- □   Ils rentrent de France.　　　　　　　　彼らはフランスから帰ってきます．
- □   Elle revient des Pays-Bas.　　　　　　彼女はオランダから戻ってきます．

vingt-sept 27

Leçon 7

Dialogue 7 ・・・・・・・・・・・・・・・・・・・ date : _____

- ☐ Marc : **Le combien sommes-nous ?**
- ☐ Laurène : **Nous sommes le 1er mai.**
- ☐ Marc : **Bon anniversaire, Laurène !**
- ☐   **Voilà, un bouquet de muguet.**
- ☐ Laurène : **Quelle surprise ! J'adore ces fleurs.**

Grammaire 7 ・・・・・・・・・ 赤シートで学習する際に行頭の☐にチェックを入れましょう

25　疑問形容詞
☐ ①（形容詞として）どんな，どの　②（代名詞として）〜は何？　③（感嘆文で）なんて〜！

†名詞の性・数に一致

男性 / 単数	女性 / 単数	男性 / 複数	女性 / 複数
quel	quelle	quels	quelles

☐ Quel âge avez-vous ?
☐ Quel est votre nom ?
☐ Quelle chaleur !

26　非人称構文：非人称の il
☐ ▶[天候] Quel temps fait-il aujourd'hui ?
☐ Il fait beau (↔ mauvais).   Il fait chaud (↔ froid).
☐ Il pleut.　　Il neige.　　Il y a du vent.　　Il y a des nuages.
☐ ▶[時間] Quelle heure est-il ? / Vous avez l'heure ?（後者の場合基本的に，Oui, il est〜）
☐ Il est une heure cinq.　　Il est deux heures et demie.
☐ Il est midi.　　Il est minuit.
☐ ▶[falloir] **il faut**+不定詞「〜しなければならない」/ **il faut**+名詞「〜が必要である」
☐ Il faut partir tout de suite.　　Il ne faut pas entrer.　　［禁止］
☐ Il faut encore une heure pour préparer le dîner.

†動詞 falloir は非人称構文でしか用いられない

27　形容詞・副詞の比較級：優等 / 同等 / 劣等
☐　**plus / aussi / moins** + 形容詞 / 副詞 + **que (qu')**
☐　（以上に）（同じくらい）（〜ほど…ない）　　　　　　（〜より）
☐ ▶形容詞 : Cet homme est plus âgé que cette dame.
☐ 　　　　　Laurène est aussi belle que toi.
☐ 　　　　　Cette dame est moins âgée que cet homme.
☐ ▶副詞　 : Françoise arrive plus tôt que moi.

28　強勢形-1：je → moi / tu → toi
☐ ①強調　　　　　　　　　Moi, je prends du chocolat.
☐ ②C'est の後（属詞として）Qui est là ? — C'est moi, Jean.
☐ ③前置詞の後　　　　　　Viens avec moi.
☐ ④比較の que の後　　　　Il est plus riche que toi.
☐ ▶名詞+être à+人称代名詞強勢形「〜に属する」 Ce sac est à moi.

29　不定代名詞 on
☐ ①「私たち」　On va au cinéma ensemble ?
☐ ②「人々」　　En France, on boit beaucoup de vin.
☐ ③「誰か」　　On vous demande au téléphone.

Exercices 7 • • • • • • • • • • • • • • • • • • • 下線部に和訳を赤ペンで書き入れましょう

† 間違えた問題などを赤ペンで訂正し，行頭の□にチェックを入れて，再度赤シートで学習しましょう．

1 質問文を和訳してから，（ ）内の指示に従ってフランス語で答えなさい．
- □ 1. Quel âge a-t-il ?　_____　(cinq ans) _____
- □ 2. Quelle heure est-il ?　_____　(deux heures) _____
- □ 3. Quel temps fait-il ?　_____　(beau) _____

2 Il faut / Il est / Il fait / Il y a の中から適切なものを選んで下線部に記入し，文を和訳しなさい．
- □ 1. _____ mauvais.　　　　　　　_____
- □ 2. _____ prendre un parapluie, Julien.　　_____
- □ 3. _____ des jolies chaussures.　　_____
- □ 4. _____ midi.　　　　　　　　　_____

3 （ ）内の語を用いて日本語に対応するフランス語の文を作りなさい．
- □ 1. マルクは彼の父より背が高い．　(son, que, père, plus, grand)
  Marc est _____
- □ 2. 東京では雨が降り出すでしょう．　(pleuvoir, Tokyo, va, à)
  Il _____
- □ 3. 少し我慢しなくてはね．　(peu, faut, de, un)
  Il _____ patience.

Expressions 7　非人称構文 • • • • • • • • • • • • • • • • 下線部に和訳を書きましょう

□ *À l'Office du Tourisme de Paris*　_____

□ *Haruto* : Bonjour, madame.　Pour aller à l'aéroport de Roissy, comment fait-on ?
　_____

□ *l'employée* : Nous vous conseillons le Roissybus.　Il passe toutes les 15 à 30 minutes.
　_____

□ *Haruto* : D'où part-il ?　_____

□ *l'employée* : Du quartier de l'Opéra.　Voilà un plan.　Il y a un arrêt ici, vous voyez ?
　_____

□ *Haruto* : Ah oui.　Ce n'est pas loin d'ici.　C'est à 10 minutes à pied à peu près.
　_____

□ 　　　　　C'est combien par personne ?　_____
□ *l'employée* : 10 euros, monsieur.　_____
□ *Haruto* : Combien de temps faut-il ?　_____
□ *l'employée* : Il faut environ 1 heure.　_____
□ *Haruto* : D'accord.　Merci, madame.　_____
□ *l'employée* : Au revoir.　Bonne journée.　_____

Exercices supplémentaires 7

▶ **Écoutez bien.** （CD を聞いて下さい）
適切な応答文の番号を（ ）内に書き，問いの文をフランス語で記入して，和訳しなさい．

☐ 1. ① Il est dix heures.　　　　② Il a dix ans.
　　（　）仏文：_____　_____

☐ 2. ① C'est moi.　　　　　　② Il neige.
　　（　）仏文：_____　_____

☐ 3. ① Cinq minutes.　　　　　② Au printemps.
　　（　）仏文：_____　_____

☐ 4. ① Tout droit.　　　　　　② Dix-neuf ans.
　　（　）仏文：_____　_____

En plus 7　時間 / 数と発音 / 検定 5・4 級のまとめ

▶ 時間

1) Quelle heure est-il ? — Il est une heure. / Vous avez l'heure ? — Oui, il est une heure.
　この 2 つの文の意味は「何時ですか？」．ただ答える時に後者の場合は基本的に «Oui, il est ～» になる．

2) その他の表現　　Il est deux heures et demie.
　　　　　　　　　Il est trois heures et quart.
　　　　　　　　　Il est quatre heures moins le quart.
　　　　　　　　　Il est midi et demi(e).

◆ 時間を 24 時間で表記する場合は et demie, et quart は用いず，30 (trente), 15 (quinze) とする．
　　　　　　　　　　　　　　　　　　　　　　　ex. Il est treize heures trente.

◆ 12 時間の場合，午前は du matin, 午後は de l'après-midi, 夕方以降は du soir をつけたりする．

▶ 数と発音

☐ 1 un / une [œ̃, yn]　(heure　an　euro)　　☐ 11 onze [ɔ̃:z]　　　(heures　ans　euros)
☐ 2 deux [dø]　　　　(heures　ans　euros)　☐ 12 douze [du:z]　　(heures　ans　euros)
☐ 3 trois [trwa]　　　(heures　ans　euros)　☐ 13 treize [trɛ:z]　　(heures　ans　euros)
☐ 4 quatre [katr]　　 (heures　ans　euros)　☐ 14 quatorze [katɔ:rz]　(heures　ans　euros)
☐ 5 cinq [sɛ̃:k]　　　(heures　ans　euros)　☐ 15 quinze [kɛ̃:z]　　(heures　ans　euros)
☐ 6 six [sis]　　　　 (heures　ans　euros)　☐ 16 seize [sɛ:z]　　 (heures　ans　euros)
☐ 7 sept [sɛt]　　　　(heures　ans　euros)　☐ 17 dix-sept [dis(s)ɛt]　(heures　ans　euros)
☐ 8 huit [ɥit]　　　　(heures　ans　euros)　☐ 18 dix-huit [dizɥit]　(heures　ans　euros)
☐ 9 neuf [nœf]　　　 (heures　ans　euros)　☐ 19 dix-neuf [diznœf]　(heures　ans　euros)
☐ 10 dix [dis]　　　　(heures　ans　euros)　☐ 20 vingt [vɛ̃]　　　(heures　ans　euros)

◆ heure 時間，an 歳，euro ユーロのように，母音字や無音の h で始まる語が続くときリエゾンする．
　　　　　　　　　　　　　　　　　　　　　　　　　　　　ex. deux ans [døzɑ̃]

◆ 5 cinq, 6 six, 8 huit, 10 dix は子音で始まる語が続くと語末の子音字を読まない．
　　　　　　　　　　　　　　　　　　　　　　　　　　　　ex. huit livres [ɥi li:vr]

◆ 6 six, 10 dix は母音字や無音の h で始まる語が続くと [z] でリエゾンする．　*ex.* six euros [sizøro]

◆ 9 neuf は heures と ans が続くときのみ [v] でリエゾンする．
　　　ex. neuf heures [nœvœ:r] 9 時　　neuf ans [nœvɑ̃] 9 歳 / neuf écoles [nœf ekɔl] 9 つの学校

30　*trente*

Leçon 7

▶検定 5・4 級のまとめ

1) 名詞標識語

□

冠詞・形容詞		男性・単数	女性・単数	複数
不定冠詞		un	une	des
定冠詞		le (l')	la (l')	les
部分冠詞		du (de l')	de la (de l')	～～～
指示形容詞		ce (cet)	cette	ces
所有形容詞	[je]	mon	ma (mon)	mes
	[tu]	ton	ta (ton)	tes
	[il / elle]	son	sa (son)	ses
	[nous]	notre		nos
	[vous]	votre		vos
	[ils / elles]	leur		leurs

† 部分冠詞は抽象名詞や不特定な量を示すので，単数・複数の分類に入らない．

2) 動詞活用

□ 5 級基本動詞［直説法現在］

不定詞	1人称：単 je (j')	2人称：単 tu	3人称：単 il/elle	1人称：複 nous	2人称：複(単) vous	3人称：複 ils/elles
être	je suis	tu es	il est	nous sommes	vous êtes	ils sont
avoir	j'ai	tu as	il a	nous avons	vous avez	ils ont
aimer	j'aime	tu aimes	il aime	nous aimons	vous aimez	ils aiment
finir	je finis	tu finis	il finit	nous finissons	vous finissez	ils finissent
vouloir	je veux	tu veux	il veut	nous voulons	vous voulez	ils veulent
faire	je fais	tu fais	il fait	nous faisons	vous faites	ils font
prendre	je prends	tu prends	il prend	nous prenons	vous prenez	ils prennent
aller	je vais	tu vas	il va	nous allons	vous allez	ils vont
venir	je viens	tu viens	il vient	nous venons	vous venez	ils viennent
sortir	je sors	tu sors	il sort	nous sortons	vous sortez	ils sortent

□ 活用語尾［直説法現在 / 命令法］

法・時制：人称	je (j')	tu	il, elle	nous	vous	ils, elles
［直説法・現在］						
―er	―e	―es	―e	―ons	―ez	―ent
―ir	―s	―s	―t			
prendre	―ds	―ds	―d			
vouloir	―x	―x	―t			
［命令法］						
―er		―e		―ons	―ez	

trente et un 31

Bienvenue à l'Opéra Garnier オペラ・ガルニエにようこそ

Civilisation

Palais Garnier　ガルニエ宮　　　　　Avenue de L'Opéra　オペラ大通り

〈ガルニエ宮〉 19 世紀後半，ナポレオン 3 世によりパリの都市改造計画の一環として新しいオペラ座の建設案が打ち出された．競技設計に優勝したシャルル・ガルニエは着工から 15 年の歳月をかけて 1875 年，第二帝政時代の華やかさを象徴するパリ・オペラ座を完成させる．帝国主義的ナショナリズムの色濃いネオバロック様式の建物全体には彫刻と塑像が，内部には様々な種類の大理石が豪奢に使用されている．1989 年ミッテラン政権下で音響設備の整ったオペラ・バスティーユが完成されると，バレエ上演が中心となった．

1 階の客席への通路
右手ドアには «TIREZ»（引く）の文字がある．

〈**ballet** の誕生〉

語源はイタリア語の balletto（小さな踊り）．ルネッサンス期のヴェネチアやフィレンツェの王侯貴族の宴会で演じられた余興として始まった．1533 年フィレンツェのカトリーヌ・ド・メディシスがアンリ 2 世に嫁いだ際にフランス宮廷にもたらされ，1573 年 "ballet（バレエ）" という語が初めて登場する．その後，ルイ 14 世は自らが幼少

Dorothée Gilbert　　　　　　　Emilie Cozette, Stéphane Bullion
ルドルフ・ヌレエフ版 «La Bayadère» の Révérence（舞台挨拶）
ラ・バヤデール：古代インドを舞台に舞姫ニキヤと戦士ソロルの悲恋の物語 ［原振付：Marius Petipa］

32　trente-deux

オペラ・ガルニエの舞台と観客席

の頃から踊り，1661年には王立舞踊アカデミーを設立し，ここでクラシックバレエの基本となる5つの足のポジションなどが作られた．このアカデミーが国立パリ・オペラ座バレエ団の母体となる．

〈国立パリ・オペラ座バレエ団〉
この世界最古のバレエ団には5つの階級がある．カドリーユから始まり，コリフェ，スジェ，プルミエ（女性の場合はプルミエール）に，試験によって空席のある階級に成績順に昇格できる．しかしトップにあるエトワール (étoile) だけは総裁と芸術監督の決定により任命される．今ではエトワール就任の発表は公演が終了した舞台上で突然行なわれるので，観客もその感動を共有できるようになった．

1964年 マルク・シャガール作の客席天井画
描かれているのはムソルグスキー，ワグナー，チャイコフスキーなど14人の作曲家へのオマージュ．輝く色彩の放つ夢の中で"ボリス・ゴドゥノフ"や"魔笛"，"白鳥の湖"，"ロミオとジュリエット"，ガルニエ宮が踊るように浮遊している．

Mathieu Ganio Clairemarie Osta   Daniel Stokes   Agnès Letestu
« Dances at a gathering » の Révérence（舞台挨拶）［振付：Jerome Robbins］

trente-trois 33

Leçon 8

Dialogue 8 ······················ date : _____

- □ Marc : Maman, quand est-ce que tu vois Michel?
- □ Sa mère : Je le vois demain. Pourquoi?
- □ Marc : Je dois lui rendre ce roman «*1Q84*».
- □ Tu veux le lire aussi?
- □ Sa mère : Non, merci.
- □ Je suis en train de lire «*Le petit Nicolas a bien grandi*».

Grammaire 8 ··············· 赤シートで学習する際に行頭の□にチェックを入れましょう

30 目的補語人称代名詞と強勢形 -2

主語	直接目的補語	間接目的補語	強勢形
je	me (m')		moi
tu	te (t')		toi
il	le (l')	lui	lui
elle	le (l')		elle
nous	nous	nous	nous
vous	vous	vous	vous
ils	les	leur	eux
elles			elles

† me, te, le, la は母音字や無音の h の前でエリジオンして m', t', l' となる.

- □ ▶目的補語人称代名詞は動詞の前. 主語＋(ne)＋目的補語人称代名詞＋動詞＋(pas)
- □ Il donne ce bouquet de fleurs à Laurène.
- □ 直接目的補語：Il le donne à Laurène.
- □ 間接目的補語：Il lui donne un bouquet de fleurs.

31 代名動詞：再帰代名詞をともなう動詞.

- □ 〈se lever〉_____ □ se réveiller _____ ; réveiller _____
- □ se coucher _____ ; coucher _____
- □ se promener _____ ; promener _____
- □ se laver _____ ; laver _____
- □ se dépêcher _____ □ s'inquiéter _____

je me lève	nous nous levons
tu te lèves	vous vous levez
il se lève	ils se lèvent

□ Je me promène. _____ ; Je promène mon chien. _____

▶用法
- □ 1. 再帰的用法［行為の対象が主語自身］ Le boulanger se lève tôt.
- □ 2. 相互的用法［主語は複数］ Ils s'aiment l'un l'autre.
- □ 3. 受動的用法［主語は無生物］ «Les aventures de Tintin» se vend bien.
- □ 4. 本質的用法［代名動詞でのみ使用］ Je me souviens de vous.

- □ ▶否定形：再帰代名詞も動詞の一部とする. La porte ne se ferme pas.
- □ Je ne me souviens pas bien de ce roman.

- □ ▶肯定命令：再帰代名詞は動詞の後ろに置き，トレ・デュニオンでつなぐ. te は toi になる.
- □ Réveille-toi! _____ Dépêchons-nous. _____
- □ ▶否定命令：再帰代名詞は動詞の前. Ne vous inquiétez pas. _____

34 trente-quatre

Leçon 8

Exercices 8-1 ・・・・・・・・・・・・・・・・ 下線部に和訳を赤ペンで書き入れましょう

† 間違えた問題などを赤ペンで訂正し，行頭の□にチェックを入れて，再度赤シートで学習しましょう．

1 文を和訳してから，下線部の語を人称代名詞にして（ ）内に記入しなさい．

- □ 1. J'achète cette jupe. .... → Je (   ) achète．
- □ 2. Il donne sa veste à son amie. .... → Il (   ) donne sa veste．
- □ 3. C'est ma mère. .... → C'est (   )．
- □ 4. Vous allez chez vos parents ? .... → Vous allez chez (   )．
- □ 5. Elle ne cherche pas ses lunettes. .... → Elle ne (   ) cherche pas．
- □ 6. Jean téléphone à ses camarades. .... → Jean (   ) téléphone．

2 〈 〉内の動詞を直説法現在，あるいは命令法に活用させて下線部に記入し，文を和訳しなさい．

- □ 1. Nous 〈se coucher〉 _____ à minuit tous les soirs. ....
- □ 2. (vous に対しての命令形)〈se dépêcher〉 _____． ....
- □ 3. Il faut 〈se laver〉 _____ les mains avant de manger. ....
- □ 4. Marc et Mathieu 〈se réveiller〉 _____ tard. ....

3 （ ）内から適切な語を選んで○をし，疑問文を和訳しなさい．

- □ 1. Connaissez-vous cette histoire ? — Oui, je (me, le, la) connais. ....
- □ 2. Ce livre est intéressant. — Tu me (te, le, la) prêtes ? ....
- □ 3. Ce sac est à Jeanne ? — Oui, il est à (elle, lui, moi). ....
- □ 4. Qu'est-ce que tu offres à ton oncle ? — Je (le, lui, se) offre une bouteille de vin.
  ....

Expressions 8 パン屋さんで ・・・・・・・・・・・・・ 下線部に和訳を書きましょう

▶ À la boulangerie ....

- □ *Le boulanger* : Madame, vous désirez ? ....
- □ *La cliente* : Une baguette, s'il vous plaît. ....
- □ *Le boulanger* : Et avec ceci ? ....
- □ *La cliente* : Je voudrais trois croissants. ....
- □ *Le boulanger* : Ce sera tout ? ....
- □ *La cliente* : Oui, merci. Je vous dois combien ? ....
- □ *Le boulanger* : 6,20 euros. ....
- □ *La cliente* : Voilà. ....
- □ *Le boulanger* : Vous n'avez pas de monnaie ? ....
- □ *La cliente* : Non, je suis désolée. ....
- □   Je n'ai qu'un billet de 20 euros. ....

- □ † ceci［代名詞］「これ」/ voudrais〈vouloir〉の条件法，語調緩和 / sera〈être〉の 3 人称・単数，直説法単純未来 / vous 間接目的補語 /〈ne ～ que〉「～しかない」

trente-cinq 35

Exercices supplémentaires 8 •

▶ **Écoutez bien.** （CD を聞いて下さい）

適切な応答文の番号を（ ）内に書き，問いの文をフランス語で記入して，和訳しなさい．

☐ 1. ① Oui, merci.　　　　　　② Non, merci.
　　（　）仏文：＿＿＿＿＿＿＿＿＿＿＿＿＿＿＿＿　＿＿＿＿＿＿＿＿＿＿＿＿＿＿＿＿＿＿

☐ 2. ① Huit heures.　　　　　② Huit euros.
　　（　）仏文：＿＿＿＿＿＿＿＿＿＿＿＿＿＿＿＿　＿＿＿＿＿＿＿＿＿＿＿＿＿＿＿＿＿＿

☐ 3. ① Oui, j'ai de l'argent.　　② Si, j'ai de l'argent.
　　（　）仏文：＿＿＿＿＿＿＿＿＿＿＿＿＿＿＿＿　＿＿＿＿＿＿＿＿＿＿＿＿＿＿＿＿＿＿

☐ 4. ① Un kilo de tomates, s'il vous plaît.　② Ne t'inquiète pas.
　　（　）仏文：＿＿＿＿＿＿＿＿＿＿＿＿＿＿＿＿　＿＿＿＿＿＿＿＿＿＿＿＿＿＿＿＿＿＿

▶ **Écrivez.**

1 質問文を和訳し，指示に従い下線部を適切な人称代名詞にして答えなさい．

☐ 1. Vous connaissez ce danseur de ballet ?　＿＿＿＿＿＿＿＿＿＿＿＿＿＿＿＿＿＿＿＿＿＿
　　　　Non, ＿＿＿＿＿＿＿＿＿＿＿＿＿＿＿＿＿＿＿＿＿＿＿＿＿＿＿＿＿＿＿＿＿＿＿＿

☐ 2. Tu accompagnes ta fille au cours de piano ?　＿＿＿＿＿＿＿＿＿＿＿＿＿＿＿＿＿＿＿＿
　　　　Oui, ＿＿＿＿＿＿＿＿＿＿＿＿＿＿＿＿＿＿＿＿＿＿＿＿＿＿＿＿＿＿＿＿＿＿＿＿

☐ 3. C'est Dorothée, sur cette photo ?　＿＿＿＿＿＿＿＿＿＿＿＿＿＿＿＿＿＿＿＿＿＿＿＿
　　　　Non, ＿＿＿＿＿＿＿＿＿＿＿＿＿＿＿＿＿＿＿＿＿＿＿＿＿＿＿＿＿＿＿＿＿＿＿＿

☐ 4. Vous venez de téléphoner à votre sœur ?　＿＿＿＿＿＿＿＿＿＿＿＿＿＿＿＿＿＿＿＿＿
　　　　Oui, ＿＿＿＿＿＿＿＿＿＿＿＿＿＿＿＿＿＿＿＿＿＿＿＿＿＿＿＿＿＿＿＿＿＿＿＿

2 和訳してから，（ ）内の指示に従って否定文に書き換えなさい．

☐ 1. Il se souvient de son enfance.　＿＿＿＿＿＿＿＿＿＿＿＿＿＿＿＿＿＿＿＿＿＿＿＿＿＿
　　　（ne ～ pas を使って）　　　　＿＿＿＿＿＿＿＿＿＿＿＿＿＿＿＿＿＿＿＿＿＿＿＿＿＿

☐ 2. Elle s'étonne de nous rencontrer ici.　＿＿＿＿＿＿＿＿＿＿＿＿＿＿＿＿＿＿＿＿＿＿＿＿
　　　（ne ～ plus「もう～ない」を使って）＿＿＿＿＿＿＿＿＿＿＿＿＿＿＿＿＿＿＿＿＿＿＿＿

☐ 3. Tu lis des journaux.　＿＿＿＿＿＿＿＿＿＿＿＿＿＿＿＿＿＿＿＿＿＿＿＿＿＿＿＿＿＿＿
　　　（ne ～ jamais「決して～ない」を使って）＿＿＿＿＿＿＿＿＿＿＿＿＿＿＿＿＿＿＿＿＿＿

3 （ ）内の語を用いてフランス語の文を作り，和訳しなさい．

☐ 1. (chercher, vous, frère, vient)　Mon ＿＿＿＿＿＿＿＿＿＿＿＿＿＿＿＿＿＿＿＿ à la gare.
　　　　＿＿＿＿＿＿＿＿＿＿＿＿＿＿＿＿＿＿＿＿＿＿＿＿＿＿＿＿＿＿＿＿＿＿＿＿＿＿＿

☐ 2. (vous, de, moi, déranger)　Excusez-＿＿＿＿＿＿＿＿＿＿＿＿＿＿＿＿＿＿＿＿＿＿．

☐ 3. (souhaite, bonne, une, vous)　Je ＿＿＿＿＿＿＿＿＿＿＿＿＿＿＿＿＿＿＿＿＿＿ année.

☐ 4. (du, boit, ne, que)　Il ＿＿＿＿＿＿＿＿＿＿＿＿＿＿＿＿＿＿＿＿＿＿＿＿ vin.
　　　　＿＿＿＿＿＿＿＿＿＿＿＿＿＿＿＿＿＿＿＿＿＿＿＿＿＿＿＿＿＿＿＿＿＿＿＿＿＿＿

Leçon 8

En plus 8　目的補語人称代名詞

▶目的補語人称代名詞の位置　　　　　　　　　　　　　　　　　　　　　［検定 3・2 級］

me (m')	le (l')	lui
te (t')	la (l')	leur
nous	les	
vous		

☐ 1) 平叙文・否定文：主語＋(ne)　＋　上記　＋　動詞　＋ (pas)
☐ 2) 否定命令：Ne　＋　上記　＋　動詞＋pas

☐ <u>Iris</u> <u>donne</u> <u>cette dent-de-lion</u> <u>à sa mère</u>.　　イリスはお母さんにこのタンポポの花をあげる.
　　主語　動詞　　　　直・目　　　　間・目
☐ 　　　　　Iris la donne à sa mère.
☐ 　　　　　Iris lui donne cette dent-de-lion.
☐ 　　　　　Iris la lui donne.

☐ Ne donne pas le lézard à ta mère.　　お母さんにトカゲをあげてはいけません.
☐ 　　　　　Ne le lui donne pas.

◆ 直接目的補語が [me, te, nous, vous] のとき，間接目的補語の代名詞は　à＋人称代名詞強勢形
☐ 　　　　　Mon professeur me présente à eux.　　私の先生は私を彼らに紹介します.
◆〈penser à＋ひと〉，〈songer à＋ひと〉などで，間接目的補語の代名詞は　à＋人称代名詞強勢形
☐ 　　　　　Il pense à elle.　　彼は彼女のことを考えています.

☐ 3) 肯定命令：　動詞＋直接目的補語＋間接目的補語
☐ Donne cette dent-de-lion à ta petite sœur.　　このタンポポの花を君の妹にあげなさい.
☐ 　　　　　Donne-la à ta petite sœur.
☐ 　　　　　Donne-lui cette dent-de-lion.
☐ 　　　　　Donne-la-lui.
◆ me, te は moi, toi になる．　Donne-la-moi.

Exercices 8-2　　　　　　　　　　　　　　　下線部に和訳を赤ペンで書き入れましょう

1 下線部の語を人称代名詞にして書き換えて，和訳しなさい.
☐ 1. Ne dis rien <u>à ton frère</u>.　　→ _____　_____
☐ 2. Cette robe va bien <u>à Marie</u>.　→ _____　_____
☐ 3. Veux-tu <u>ces marrons glacés</u>?　→ _____　_____

2 質問文を和訳し，指示に従い下線部を適切な人称代名詞にして答えなさい.
☐ 1. Cette cravate bleue <u>me</u> va bien?　　_____
　　Oui, _____
　　（話している相手は tu でも vous でも ok です.）
☐ 2. François ne <u>te</u> donne-t-il pas <u>ce vélo</u>?　_____
　　Non, _____

3 次の文を命令文に書き換えて，和訳しなさい.
☐ 1. Vous me présentez ce monsieur.　　_____　_____
☐ 2. Vous me présentez à ce monsieur.　_____　_____
☐ 3. Vous ne me présentez pas à ce monsieur.　_____　_____

trente-sept 37

Leçon 9

Dialogue 9 • date : _____

☐ Laurène : **Tu as passé de bonnes vacances ?**
☐ Alessio : **Oui, formidables. Je suis allé chez ma tante qui habite dans le Midi.**
☐
☐ Laurène : **Tu as fait quelque chose d'intéressant ?**
☐ Alessio : **Oui, j'ai visité Saint-Guilhem-le-Désert.**
☐ **C'est un très petit village pittoresque.**
☐ **On y a donné un concert dans une ancienne église.**

Grammaire 9 • • • • • • • • • • 赤シートで学習する際に行頭の□にチェックを入れましょう

32　直説法複合過去：過去の行為や出来事を表す．[過去・完了・経験・結果]

☐　　　　　主語＋(ne)＋助動詞 avoir / être ＋(pas)＋過去分詞

☐ 〈visiter〉 _____　　☐ 〈aller〉 _____

j'ai visité	nous avons visité	je suis allé(e)	nous sommes allé(e)s
tu as visité	vous avez visité	tu es allé(e)	vous êtes allé(e)(s)
il a visité	ils ont visité	il est allé	ils sont allés
elle a visité	elles ont visité	elle est allée	elles sont allées

☐ Il a quitté New York l'année dernière.
☐ Hier, il a plu toute la journée.

☐ ▶**être の場合**：[往来・発着・出入・上下・生死] などの自動詞．過去分詞は主語の性数に一致．
☐ *aller* [allé] 行く, *venir* [venu] 来る, *partir* [parti] 出発する, *arriver* [arrivé] 到着する, *sortir* [sorti] 出る,
☐ *entrer* [entré] 入る, *monter* [monté] 上がる, *descendre* [descendu] 降りる, *naître* [né] 生まれる,
☐ *mourir* [mort] 死ぬ, *tomber* [tombé] 落ちる, *rester* [resté] とどまる, *devenir* [devenu] 〜になる

☐ Jeanne est née en 1995 au Canada.
☐ Nous sommes montés par l'escalier pour regarder la mer.

☐ ▶**過去分詞**：marcher : marché / finir : fini / attendre : attendu / voir : vu
☐ 　　　　　être : été / avoir : eu / vouloir : voulu / pouvoir : pu / faire : fait / prendre : pris

☐ ▶**否定形**：　Pendant un an, elle ne m'a pas téléphoné.
☐ ▶**倒置疑問形**：As-tu cherché la clef partout ?
☐ ▶**代名動詞**：助動詞は être [再帰代名詞が直接目的補語の場合, 過去分詞は再帰代名詞（主語）の性数と一致]
☐ 　　　　　Elle s'est levée tôt ce matin.

33　変化する指示代名詞：前出の名詞に代わる．
☐

| 男性・単数 | 女性・単数 | 男性・複数 | 女性・複数 |
| celui | celle | ceux | celles |

☐ ▶後ろに〈de＋名詞〉を伴う．
☐ Ce n'est pas mon sac, c'est celui de Paul.
☐ ▶〈-ci, -là〉を伴う：〜-ci は近くのもの「こちら」；〜-là は遠くのもの「あちら」
☐ Elle aime ce parfum. Moi, je préfère celui-ci.

38　*trente-huit*

Leçon 9

Exercices 9 ・・・・・・・・・・・・・・・・・・・・ 下線部に和訳を赤ペンで書き入れましょう

† 間違えた問題などを赤ペンで訂正し，行頭の□にチェックを入れて，再度赤シートで学習しましょう．

1 （　）内に過去分詞を記入し，不定詞の意味を書きなさい．

- □ 1. étudier (　　) _____　2. aller (　　) _____　3. mourir (　　) _____
- □ 4. écouter (　　) _____　5. lire (　　) _____　6. faire (　　) _____
- □ 7. vouloir (　　) _____　8. pouvoir (　　) _____　9. prendre (　　) _____
- □ 10. venir (　　) _____　11. sortir (　　) _____　12. finir (　　) _____
- □ 13. voir (　　) _____　14. réussir (　　) _____　15. comprendre (　　) _____

2 〈　〉内の動詞を直説法複合過去に活用させて下線部に記入し，点線部分を和訳しなさい．

- □ 1. Ils 〈partir〉 _____ pour la France le mois dernier. _____
- □ 2. La semaine dernière, ma sœur 〈acheter〉 _____ une robe blanche. _____
- □ 3. Nous 〈se coucher〉 _____ vers minuit. _____
- □ 4. Elles 〈se promener〉 _____ dans le parc dimanche dernier. _____
- □ 5. Mes cousins 〈arrive〉 _____ par le TGV de 11 heures. _____
- □ 6. Catherine 〈frapper〉 _____ à la porte tout à l'heure. _____

3 （　）内から適切な語を選んで○をし，文を和訳しなさい．

- □ 1. C'est ta voiture ? — Non, c'est (celle, celui, ceux) d'Amélie.
- □ 2. Mon vélo ne marche plus. — Alors, prends (celles, celui, ceux) de Paul.
- □ 3. Mon mari aime ces lunettes. — Moi, j'aime plutôt (celui, celles, celle)-là.

Expressions 9　電話で ・・・・・・・・・・・・・・ 下線部に和訳を書きましょう

Au téléphone

- □ ▶ — Allô, bonjour madame.　Je suis bien chez monsieur Moreau ?
- □ — Oui, c'est de la part de qui ?
- □ — C'est monsieur Durand.　Je voudrais parler à monsieur Moreau, s'il vous plaît.
- □ — Ne quittez pas.　Je vous le passe.
- □ ▶ — Allô, bonjour.　Est-ce que je pourrais parler à Marc ?
- □ — Non, désolé.　Il n'est pas là.　Qui est à l'appareil ?
- □ — C'est Laurène.　Dans ce cas-là, je rappellerai ce soir.

† voudrais, pourrais は〈vouloir〉〈pouvoir〉の条件法．語調緩和．
rappellerai は〈rappeler〉の直説法単純未来．

Exercices supplémentaires 9 •

▶ **Écoutez bien.** （CDを聞いて下さい）

適切な応答文の番号を（　）内に書き，問いの文をフランス語で記入して和訳しなさい．

☐ 1. ① Oui, vous êtes monsieur Dubois ?　　② Oui, c'est de la part de qui ?
　　（　）仏文：_____　_____

☐ 2. ① Oui, formidables.　　　　　　　　② Oui, volontiers.
　　（　）仏文：_____　_____

☐ 3. ① C'est un chien.　　　　　　　　　② C'est moi, Nicolas.
　　（　）仏文：_____　_____

☐ 4. ① Non, il n'est pas là.　　　　　　　② Non, il pleut.
　　（　）仏文：_____　_____

▶ **Écrivez.**

1 〈　〉内の動詞を直説法複合過去に活用させて下線部に記入し，文を和訳しなさい．

☐ 1. La semaine dernière, nous 〈fêter〉 _____ mon anniversaire.

☐ 2. Sa petite sœur 〈rester〉 _____ à la maison toute seule.

☐ 3. Laurent 〈recevoir〉 _____ un courriel de Marie hier soir.

☐ 4. Elle 〈promener〉 _____ sa fille au jardin du Luxembourg.

☐ 5. On 〈rentrer〉 _____ déjeuner à la maison.

2 次の文を否定形にして下線部に記入し，和訳しなさい．

☐ 1. Elles sont allées au Japon pour étudier.
　　_____　_____

☐ 2. Il a aidé sa mère à faire la vaisselle.
　　_____　_____

3 （　）内の語を用いて日本語に対応するフランス語の文を作りなさい．

☐ 1. 私の子供たちは9時前に寝ました．　　（avant, sont, neuf, se, couchés）
　　Mes enfants _____ _____ _____ _____ _____ heures.

☐ 2. アンヌはこの映画を観たばかりです．　（voir, film, vient, ce, de）
　　Anne_____ _____ _____ _____ _____.

☐ 3. 彼らの息子は1歳で話し始めた．　　　（à, à, a, commencé, parler）
　　Leur fils _____ _____ _____ _____ _____ un an.

☐ 4. 昨夜はよく眠れなかったのですか？　（bien, dormi, vous, pas, hier）
　　N'avez-_____ _____ _____ _____ _____ soir ?

40　*quarante*

Leçon 9

En plus 9　直説法複合過去 / 過去分詞の一致

▶直説法複合過去　　　　　　　　　　　　　　　　　　　　　　　　　　　　　　［検定 4・3 級］

- □　形：　　　　　　　　主語＋(ne)＋助動詞 avoir / être＋(pas)＋過去分詞
- □　倒置疑問：　　　　　Est-elle partie avant 9 heures ?　　彼女は 9 時前に出発したのですか？
- □　代名動詞の複合過去：主語 ＋(ne)＋再帰代名詞＋助動詞 être＋(pas)＋過去分詞
- □　倒置疑問：　　　　　À quelle heure Marie s'est-elle couchée ?　　マリーは何時に寝たのですか？
- □　過去分詞

不定詞の語尾	過去分詞の語尾	不定詞	過去分詞
1.　—er 動詞すべて	—é	danser / aller	dansé / allé
2.　—ir 動詞の大半	—i	finir / sortir	fini / sorti
3.　—ir 動詞の一部 　　—oir 動詞の大部分 　　—re 動詞の大部分	—u	venir vouloir entendre	venu voulu entendu
4.　—re 動詞の一部	—s / —t	prendre / faire	pris / fait

- □　　　　　その他　être → été / avoir → eu / naître → né / mourir → mort

▶過去分詞の一致　　　　　　　　　　　　　　　　　　　　　　　　　　　　　　［検定 3・2 級］

1) 複合時制で［être＋過去分詞］：過去分詞は主語の性・数に一致．
- □　　　　　　Ils sont partis assez tôt pour prendre le bus.　　彼らはバスに乗るためにかなり早く出発した．

2) 複合時制で直接目的補語が動詞の前：過去分詞は直接目的補語の性・数に一致．
- □　　　　　　Il a rencontré *Jeanne*. → Il l'a rencontrée.　　彼はジャンヌに出会った．/ 彼は彼女に出会った．
- □　　　　　　Il a rencontré *Jeanne et Claire*. → Il les a rencontrées.
　　　　　　　　　　　　　　　　　　　　　　　　　彼はジャンヌとクレールに出会った．/ 彼は彼女らに出会った．
- □　　　　　　(Il a rencontré *Paul*. → Il l'a rencontré.　　直接目的補語 Paul は男性・単数)

3) 代名動詞の複合過去
　① 再帰代名詞が直接目的補語：過去分詞は直接目的補語の性・数に一致．
- □　　　　　　Elle s'est levée tard ce matin. (se ; 直接目的補語)　　彼女は今朝遅く起きた．
- □　　　　　　Il y a déjà longtemps que nous ne nous sommes pas vus. (nous ; 直接目的補語)
　　　　　　　　　　　　　　　　　　　　　　　　　　　　　　　　　　私たちが会わなくなってからもうずいぶんたちます．

　② 再帰代名詞が間接目的補語：過去分詞の一致は無し．
- □　　　　　　Ils se sont téléphoné l'un à l'autre. (se ; 間接目的補語)　　彼らはお互いに電話をしあう．
- □　　　　　　Elles se sont lavé les mains. (se ; 間接目的補語 / les mains ; 直接目的補語)
　　　　　　　　　　　　　　　　　　　　　　　　　　　　　　　　　　彼女たちは自分たちの手を洗った．

4) 複合時制で直接目的補語が動詞より前にある疑問文：過去分詞は直接目的補語の性・数に一致．
- □　　　　　　Quelle voiture est-ce que vous avez achetée ?　　あなたはどの車を買ったのですか？

quarante et un　41

Leçon 10

Dialogue 10 • date : _____

☐ Alessio : **Dans le Midi, j'ai souvent bu un vin blanc qui s'appelle « Perle ».**

☐ **J'en ai apporté à Paris pour toi.   On en prendra ensemble ?**

☐ Dorothée : **Oui, avec plaisir.   J'aime bien le vin blanc sec et fruité.**

Grammaire 10 • • • • • • • • • • • 赤シートで学習する際に行頭の□にチェックを入れましょう

34　直説法単純未来

▶ ☐ 活用語尾：すべての動詞に共通．　　☐ 〈**chanter**〉 語幹；chante / 語尾；r

je —**rai** [-re]	nous —**rons** [-rɔ̃]		je chanterai	nous chanterons
tu —**ras** [-ra]	vous —**rez** [-re]		tu chanteras	vous chanterez
il —**ra** [-ra]	ils —**ront** [-rɔ̃]		il chantera	ils chanteront

☐ ▶語幹　1) [-er] *marcher*: je marcherai　2) [-ir] *finir*: je finirai　3) [-dre] *attendre*: j'attendrai

☐ 　　4) その他　*être* : je serai / *avoir* : j'aurai / *aller* : j'irai / *faire* : je ferai / *venir* : je viendrai

☐ 　　5) [-oir] *voir* : je verrai / *pouvoir* : je pourrai / *vouloir* : je voudrai / *devoir* : je devrai

☐ ▶用法　1) 未来の表現；行為，状態，予定．　2) 2人称で軽い命令，依頼．　3) 推量　4) 語気緩和

☐ 　　Il y aura beaucoup de nuages, demain.

☐ 　　Tu feras très attention aux feux.

35　中性代名詞 en / y / le：人称代名詞とは異なり，性・数による変化をしない代名詞．

☐ ▶**en** : ① 前置詞 **de**＋名詞，不定詞など

　　　　② 不定冠詞 (**un, une, des**)，部分冠詞 (**du, de la**)，数詞，数量副詞＋名詞

☐ 　Elle vient de France ?

☐ 　　— Oui, elle en vient. (elle vient *de France*.)

☐ 　Tu as de la monnaie pour acheter des tickets ?

☐ 　　— Non, je n'en ai pas. (je n'ai pas *de monnaie*.)

☐ 　Combien de croissants voulez-vous ?

☐ 　　— J'en veux trois. (Je veux *trois croissants*.)

☐ 前置詞 de を要求する動詞(句)や形容詞：parler de「〜について話す」，avoir besoin de「〜が必要である」，
　　　　　　　　　　　　　　　　être content de「〜に満足である」，être fier de「〜を誇りに思う」

☐ ▶**y** : ① 前置詞 **à** (**dans, en, chez** など)＋場所　　② **à**＋もの，こと

☐ Tu vas au concert ce soir ?

☐ 　— Oui, j'y vais. (je vais *au concert*.)

☐ Vous aimez la cuisine française ?

☐ 　— Oui, je m'y intéresse. (je m'intéresse *à la cuisine française*.)

☐ ▶**le** : ① 属詞（形容詞など）　　② 直接目的補語（不定詞，文，節など）

☐ Es-tu triste ? _____ — Non, je ne le suis pas. (je ne suis pas *triste*.)

☐ Vous savez que Alessio et Dorothée vont se marier ?

☐ 　— Oui, je le sais. (je sais *que Alessio et Dorothée vont se marier*.)

Exercices 10

† 間違えた問題などを赤ペンで訂正し，行頭の□にチェックを入れて，再度赤シートで学習しましょう．

1 次の動詞を1人称・直説法単純未来に活用させなさい．
- □ 1. inviter ; j'_____
- 2. être ; je _____
- 3. avoir ; j'_____
- 4. faire ; je _____
- □ 5. partir ; je _____
- 6. voir ; je _____
- 7. aller ; j'_____
- 8. venir ; je _____

2 〈　〉内の動詞を直説法単純未来に活用させて下線部に記入し，文を和訳しなさい．
- □ 1. Elle 〈avoir〉 _____ 20 ans l'an prochain.
- □ 2. Il 〈partir〉 _____ pour la France dans deux mois.
- □ 3. Nous 〈être〉 _____ demain à Lyon.
- □ 4. On 〈voir〉 _____ le résultat ce soir.
- □ 5. Tu 〈se lever〉 _____ tôt demain matin.

3 日本語の文に対応するように，下線部から適切な動詞を選んで〇をつけなさい．
- □ 1. 今日の午後，彼はこの界隈を散歩した．
  Cet après-midi, il se promène / s'est promené / se promènera dans ce quartier.
- □ 2. あさっては山に行かないつもりです．
  Je n'iront / ira / irai pas à la montagne après-demain.
- □ 3. ニコラ，この自転車を試してみよう．
  Nicolas, essaies / a essayé / essayons ce vélo.

4 下線部の中から適切な語を選んで〇をし，文を和訳しなさい．
- □ 1. — Je voudrais des baguettes.　— Oui, monsieur. Vous en / les / y voulez combien ?
  □
- □ 2. — On va au cinéma ?　— Non, je ne veux pas en / l' / y aller.
  □
- □ 3. — Êtes-vous fatiguée ?　— Oui, je en / le / la suis.
  □

Expressions 10　基数詞　1〜1000

下線部に和訳を書きましょう

□ Il habitera 49, rue de la Libération.

1 un, une	2 deux	3 trois	4 quatre	5 cinq [sɛ̃:k]	6 six	7 sept
8 huit	9 neuf	10 dix	11 onze	12 douze	13 treize	
14 quatorze	15 quinze	16 seize	17 dix-sept	18 dix-huit	19 dix-neuf	

- □ 20 vingt　　　　　21 vingt et un(e)　　　22 vingt-deux …
- □ 30 trente　　　　31 trente et un(e)　　　32 trente-deux …
- □ 40 quarante　　　41 quarante et un(e)　　42 quarante-deux …
- □ 50 cinquante　　 51 cinquante et un(e)　 52 cinquante-deux …
- □ 60 soixante　　　61 soixante et un(e)　　62 soixante-deux …
- □ 70 soixante-dix　 71 soixante et onze　　 72 soixante-douze …
- □ 80 quatre-vingts　81 quatre-vingt-un(e)　82 quatre-vingt-deux …
- □ 90 quatre-vingt-dix　91 quatre-vingt-onze　92 quatre-vingt-douze …
- □ 100 cent [sɑ̃]　　101 cent un(e) …　　　200 deux cents …　　　1000 mille

Exercices supplémentaires 10 ・・・・・・・・・・・・・・・・・・・・・・・・・

▶ Écoutez bien. （CDを聞いて下さい）

文に含まれている数字を（ ）内に記入し，その後で問いの文を書いて，和訳しなさい．

☐ 1. (　　) 仏文：_____

☐ 2. (　　) 仏文：_____
　　　　　　　　　_____

☐ 3. (　　) 仏文：_____
　　　　　　　　　_____

☐ 4. (　　) 仏文：_____
　　　　　　　　　_____

☐ 5. (　　) 仏文：_____
　　　　　　　　　_____

☐ 6. (　　) 仏文：_____
　　　　　　　　　_____

☐ 7. (　　) 仏文：_____
　　　　　　　　　_____

☐ 8. (　　) 仏文：_____
　　　　　　　　　_____

☐ 9. (　　) 仏文：_____
　　　　　　　　　_____

☐ 10. (　　) 仏文：_____
　　　　　　　　　_____

▶ Écrivez.

1 下線部を適切な中性代名詞にして文を書き換え，和訳しなさい．

☐ 1. Elle n'a pas besoin de cette voiture. _____

☐ 2. Je pense à mon métier. _____

☐ 3. Il prend du thé. _____

2 （ ）内の①には適切な冠詞を，②③には代名詞を書き入れ，文を和訳しなさい．

☐　　Elle n'aime pas du tout (①) whisky, mais elle (②) boit pour te faire plaisir. Je (③)'ai su par Sylvain.

☐ ① (　　　　) ② (　　　　) ③ (　　　　)

3 疑問文を和訳し，その質問に中性代名詞を用いて①「はい」②「いいえ」で答えなさい．

☐ 1. Tu veux du pain ?
　　① _____　　② _____

☐ 2. Il va à la mer ?
　　① _____　　② _____

☐ 3. Vous parlez de vos vacances ?
　　① _____　　② _____

☐ 4. Ils ne sont pas riches ?
　　① _____　　② _____

44　*quarante-quatre*

En plus 10 検定4級のポイント（1）/ 中性代名詞の位置/ 直説法前未来

▶不定詞を含む文章 [検定4級]

① 〈後に不定詞をとる動詞〉

- □ aller＋不定詞 「これから～する（近接未来）/ ～しに行く」
- □ venir de＋不定詞 「～したばかりだ（近接過去）」
- □ venir＋不定詞 「～しに来る」
- □ pouvoir＋不定詞 「～できる / ～してもよい」
- □ vouloir＋不定詞 「～したい」
- □ Il ne veut pas te dire le mensonge. 彼は君に嘘をつきたくないんだ．
- □ aimer＋不定詞 「～するのが好き」
- □ devoir＋不定詞 「～しなければならない / ～するに違いない」
- □ Ce paquet doit être un cadeau pour elle. この包みはきっと彼女へのプレゼントよ．
- □ ne pas devoir＋不定詞 「～してはいけない」
- □ Il faut (falloir)＋不定詞 「～しなければならない」

② 〈avoir＋名詞＋de〉

- □ avoir besoin de＋不定詞 「～を必要とする」
- □ Vous avez besoin de vous reposer. あなたには休養が必要です．
- □ avoir envie de＋不定詞 「～がしたい」

③ 〈être＋形容詞＋de〉

- □ être content(e) de＋不定詞 「～するのがうれしい」
- □ être sûr(e) de＋不定詞 「～を確信している」

▶中性代名詞の位置 [検定3級]

- □ ① 基本：動詞の前．　Elle vient de Lyon. → Elle en vient. 彼女はリヨン出身です．/ 彼女はそこの出身です．
- □ ② 肯定命令：動詞の後．　Va à l'école. → Vas-y. 学校に行きなさい．/（そこに）行きなさい．
- □ ③ 他の補語代名詞との併用：le は直接目的人称代名詞の le と同じ． Je te le donne.
- □ 　　　　　　　　　　en, y は他の補語代名詞の後． y, en の順．Je vous en prie.
  Il y en a beaucoup.

▶直説法前未来 [検定5・4・3級では問われません]

- □ 形： 助動詞 (avoir / être) の直説法単純未来＋過去分詞
- □

〈voir〉

j'aurai vu	nous aurons vu
tu auras vu	vous aurez vu
il aura vu	ils auront vu
elle aura vu	elles auront vu

〈venir〉

je serai venu(e)	nous serons venu(e)s
tu seras venu(e)	vous serez venu(e)(s)
il sera venu	ils seront venus
elle sera venue	elles seront venues

- □ 用法：未来のある時点までに完了している行為（未来完了）を表す．
- □ J'achèterai des macarons pour toi quand je serai arrivée à l'aéroport de Roissy. ドゴール空港に着いたら，君のためにマカロンを買うから．
- □ Mon mari sera rentré avant neuf heures du soir. 夫は夜9時前には帰宅しています．

Leçon 11

Dialogue 11 · · · · · · · · · · · · · · · · · · · date : _____

- ☐ Marc : Cet été, il faisait chaud à Paris.
- ☐ Laurène : Oui, j'en avais assez.
- ☐ Marc : Toi, tu préfères l'hiver.
- ☐ Laurène : Ah, tu me connais.
- ☐ Marc : L'hiver, c'est la meilleure saison pour le théâtre.

Grammaire 11 · · · · · · · · · 赤シートで学習する際に行頭の☐にチェックを入れましょう

36 直説法半過去

▶☐ 活用語尾：すべての動詞に共通． ☐ 〈finir〉

je —ais [-ɛ]	nous —ions [-jɔ̃]
tu —ais [-ɛ]	vous —iez [-je]
il —ait [-ɛ]	ils —aient [-ɛ]

je finissais	nous finissions
tu finissais	vous finissiez
il finissait	ils finissaient

☐ ▶語幹：直説法現在１人称複数形　finir : nous finissons → finiss

☐　　avoir : nous avons → j'avais / faire : nous faisons → je faisais /
☐　　prendre : nous prenons → je prenais / lire : nous lisons → je lisais /
☐　　attendre : nous attendons → j'attendais /écrire : nous écrivons → j'écrivais
☐　　être のみ例外：j'étais, tu étais, il était, nous étions, vous étiez, ils étaient
　▶用法：過去において継続的に行われていた動作・状態や習慣的行為を表す．
☐　　Quand il est rentré à la maison, sa femme écrivait une lettre.

☐　　Avant elle travaillait à Paris, et à l'âge de 25 ans elle s'est mariée avec Georges.

37 形容詞・副詞の最上級

☐ ▶形容詞： 定冠詞 **le / la / les＋plus / moins**＋形容詞＋**de**〜
☐　　Mathieu est le plus grand de la famille.
☐　　La saison des pluies est la moins agréable de l'année.
☐ ▶副詞： 定冠詞 **le＋plus / moins**＋副詞＋**de**〜
☐　　Marc court le moins vite de ses amis.

☐ ▶特殊形

		比較級	最上級
形容詞：	bon(ne) 良い	meilleur(e)(s)	le / la / les＋meilleur(e)(s)
副詞：	bien 上手に	mieux	le＋mieux

☐　　Ce fromage est meilleur que l'autre.
☐　　C'est le meilleur vin de cette région.
☐　　Dorothée danse mieux que Alessio.
☐　　Elle est une des meilleures danseuses du monde.

38 ジェロンディフ / 現在分詞

☐ ▶ **en＋現在分詞** ：「〜しながら / 〜のとき」同時性，手段など，主節に対して副詞的に働く．
☐　　Ma mère fait la cuisine en écoutant de la musique.
☐ ▶現在分詞：直説法現在１人称複数の語幹に ant をつける．nous finissons → finissant

46　*quarante-six*

Exercices 11 ・・・・・・・・・・・・・・・・・・・・下線部に和訳を赤ペンで書き入れましょう

† 間違えた問題などを赤ペンで訂正し，行頭の□にチェックを入れて，再度赤シートで学習しましょう．

1 〈 〉内の動詞を直説法半過去に活用させて下線部に記入し，文を和訳しなさい．
- □ 1. Il y 〈avoir〉 _____ un soleil de printemps.
- □ 2. Elle 〈lire〉 _____ ses poèmes d'une voix claire.
- □ 3. Coline nous 〈attendre〉 _____ à l'entrée de la maison.

2 ①〜⑤を1度のみ使用してフランス語で下線部に記入し，和訳しなさい．

　　　① pleuvoir　　② a plu　　③ pleuvait　　④ pleuvra　　⑤ pleut

- □ 1. Aujourd'hui, il _____.
- □ 2. Il va _____.
- □ 3. Demain, il _____.
- □ 4. Hier, il _____.
- □ 5. Quand elle est rentrée chez elle, il _____.

3 下線部の中から適切な語を選んで○をし，文を和訳しなさい．
- □ 1. Le mois prochain, nous sommes / étions / serons en mars.
- □ 2. Hier, je resterai / suis resté / reste à la maison.
- □ 3. Dans une heure, il dormira / a dormi / dormait.
- □ 4. Hier, c'est / était / sera jeudi.
- □ 5. Je vais me couche / se coucher / me coucher.
- □ 6. Avant, tu lis / lira / lisait au lit.

4 ①，②の動詞を複合過去形，あるいは半過去形に活用させて下線部に記入し，和訳しなさい．
- □ Nous ① 〈prendre〉 notre petit déjeuner quand nous ② 〈entendre〉 la sonnerie du téléphone.
　　① _____　　② _____

5 〈 〉内の動詞をジェロンディフにして下線部に書き入れ，文を和訳しなさい．
- □ 1. Elle s'est mise en colère, 〈apprendre〉 _____ cette nouvelle.
- □ 2. Il s'est blessé 〈jouer〉 _____ au football.

Expressions 11　前置詞 ・・・・・・・・・・・・・・・・下線部に和訳を書きましょう

- □ Ils vont au cinéma une fois par mois.
- □ Pendant le voyage il faisait toujours beau.
- □ Depuis ce matin, j'ai mal à la tête.
- □ Je dois finir ce travail avant midi.
- □ Je passerai chez toi vers 14 heures.
- □ Nous ne prenons pas de café après le dîner.
- □ Sous la pluie il aime marcher sans parapluie.
- □ Cette chambre donne sur la mer.
- □ Personne n'est content de cette décision sauf moi.

Exercices supplémentaires 11 •

▶ **Écoutez bien.** （CDを聞いて下さい）

適切な応答文の番号を（　）内に書き，問いの文をフランス語で記入し，和訳しなさい．

☐ 1. (　) ① Vers dix heures.　　　　② Pendant dix minutes.
　　　仏文：_____

☐ 2. (　) ① J'ai fait du tennis.　　　② Je fais du tennis.
　　　仏文：_____

☐ 3. (　) ① Oui, il y a un an.　　　② Si, depuis lomgtemps.
　　　仏文：_____

☐ 4. (　) ① Au fond du couloir.　　② Sur la lune.
　　　仏文：_____

▶ **Écrivez.**

1 下線部の中から適切な前置詞を選んで○をし，文を和訳しなさい．

☐ 1. Ma sœur revient avec / en / par train.
☐ 2. Ce mouchoir est en / par / entre coton.
☐ 3. Il est venu au Japon à / de / pour travailler.
☐ 4. L'avion arrivera pendant / dans / sans une heure.
☐ 5. Tu veux du thé avec ou à / de /sans sucre ?
☐ 6. Elle est restée au lit en / à / pendant trois jours.
☐ 7. J'ai mis mon portefeuille dans / de / en mon sac.

2 〈　〉内の動詞を直説法半過去に活用させて下線部に記入し，文を和訳しなさい．

☐ 1. Les cours 〈avoir〉 _____ lieu chaque jeudi soir.
☐ 2. Elle 〈être〉 _____ satisfaite de voir partir son enfant.
☐ 3. Je 〈finir〉 _____ par m'endormir.

3 (　)内の語を用いてフランス語の文を作り，和訳しなさい．

☐ 1. (résultats, content, des, de, est)　Il _____ l'examen.

☐ 2. (de, danseuse, ce, meilleure, la)　Elle est _____ groupe.

☐ 3. (marche, moins, que, vite)　Laurène _____ Marc.

☐ 4. (lever, pas, se, veulent, ne)　Ces enfants _____ tôt.

☐ 5. (meilleure, de, la, pâtisserie)　C'est _____ la ville.

48　*quarante-huit*

En plus 11　検定4級のポイント（2）／直説法大過去

▶ **動詞と意味** (inf.＝infinitif［不定詞］の略／qqn＝quelqu'un［誰か］の略／qqch.＝quelque chose［何か］の略)

aider qqn à inf.	手伝う，助ける	finir	終える；終わる
aimer	好き；愛する	habiter	住む
aller	行く	inviter	招待する
apprendre	学ぶ；知る	lire	読む
arriver	到着する	manger	食べる
attendre	待つ	mettre	置く
boire	飲む	montrer	見せる；指し示す
chercher	探す	offrir qqch. à qqn	贈る
choisir	選ぶ	ouvrir	開ける
commencer	始める；始まる	parler	話す
conduire	運転する	partir	出発する
connaître	（人，場所を）知っている	passer	通る；立ち寄る
croire	信じる	pouvoir	〜できる
demander	頼む；言う	prendre	取る；食べる；乗る
devoir	〜しなければならない	présenter	紹介する
dire	言う	prêter qqch. à qqn	貸す
donner qqch. à qqn	与える	s'appeler	〜という名前である
dormir	眠る	savoir	（事態などを）知っている
écouter	（注意して）聞く	sortir	外へ出る
écrire	書く；手紙を書く	venir	来る
entendre	聞こえる	visiter	訪れる
envoyer qqch. à qqn	送る	voir	見る；会う
faire	作る；〜する	vouloir	欲する；〜したい

▶ **直説法大過去**　　　　　　　　　　　　　　　　　　　　　　　［検定5・4・3級では問われません］

☐ 形： 助動詞 (**avoir / être**) の直説法半過去＋過去分詞

☐ 〈**lire**〉「読む」　　　　　　　　　　　〈**devenir**〉「〜になる」

j'avais lu	nous avions lu	j'étais devenu(e)	nous étions devenu(e)s
tu avais lu	vous aviez lu	tu étais devenu(e)	vous étiez devenu(e)(s)
il avait lu	ils avaient lu	il était devenu	ils étaient devenus
elle avait lu	elles avaient lu	elle était devenue	elles étaient devenues

☐ 用法：過去のある時点を基準とし，それ以前に完了している行為・状態を表す．

☐ Quand je suis arrivée à la classe, le professeur était déjà rentré.
　　　時制；直説法複合過去　　　　　　　　　　　時制；直説法大過去
　　　　　　　　　　　　　　　　　　　　　私が教室に着いたとき，先生はすでに帰られていた．

☐ La nuit tombe.　　　夜になる．
　　　時制；直説法現在

☐ La nuit est tombée.　　　夜になった．
　　　時制；直説法複合過去

☐ La nuit était tombée.　　　夜になっていた．
　　　時制；直説法大過去

quarante-neuf　49

Leçon 12

Dialogue 12 ・・・・・・・・・・・・・・・・・・・・・ date : _____

- □ *Devant la façade de l'Opéra de Paris.*
- □ Laurène : Regarde cette dame qui a les cheveux courts !
- □ Marc : C'est la femme qui porte un sac rouge ?
- □ Laurène : Oui, oui, c'est Brigitte, la directrice de
- □ la danse de l'Opéra.
- □ Marc : Ah, tu m'en as parlé l'autre jour.

Grammaire 12 ・・・・・・・・・・・ 赤シートで学習する際に行頭の□にチェックを入れましょう

39 関係代名詞 qui / que

- □ ▶ qui : 先行詞（人・もの）＋**qui**＋動詞 先行詞は動詞の主語
- □ J'ai un cousin qui habite en Angleterre avec ses parents.（先行詞＝un cousin）

- □ ▶ que : 先行詞（人・もの）＋**que**＋主語＋動詞 先行詞は動詞の目的語
- □ Tu te souviens de cette carte postale que Jean nous a envoyée ?（先行詞＝cette carte postale）

40 強調構文

- □ ▶ C'est ～ qui 主語の強調 ／ C'est ～ que 主語以外の強調（直接・間接・状況補語 ／ 属詞）
- □ Marguerite offre un camélia blanc à Armand.
- □ 1) C'est Marguerite qui offre un camélia blanc à Armand.
- □ 2) C'est un camélia blanc que Marguerite offre à Armand.
- □ 3) C'est à Armand que Marguerite offre un camélia blanc.

♦ 先行詞が属詞の3人称複数のとき：C'est が Ce sont となる．
♦ 直接補語が動詞に先行：複合時には助動詞が avoir の時も，過去分詞は直接補語の性・数に一致．
- □ Ce sont les livres qu'il a rendus à la bibliothèque.

41 受動態

- □ 形：主語＋ **être**＋過去分詞＋**par** ／ **de** ＋動作主
- □ Ma grand-mère est aimée de tous ses petits-enfants.
  　　　　　時制；直説法現在
- □ Le Château de Versailles a été construit par Louis XIV.
  　　　　　　　　　　時制；直説法複合過去

♦ 時制 ： être によって示される．
♦ 過去分詞：主語の性・数に一致．
♦ 動作主：継続的な状態や感情の場合 → de ／ 一時的な行動などの場合 → par

42 数量表現：de＋無冠詞名詞

- □ combien de いくつの ／ beaucoup de たくさんの ／ un peu de 少しの ／ trop de あまり多くの ／ assez de 十分な
- □ un kilo de 1キロの ／ un verre de コップ1杯の ／ un paquet de 1箱の
- □ Combien de croissants voulez-vous ?
- □ Un peu de sucre, s'il vous plaît.
- □ Ces enfants font trop de bruit.

Exercices 12

† 間違えた問題などを赤ペンで訂正し，行頭の□にチェックを入れて，再度赤シートで学習しましょう．

1 （　）内に適切な関係代名詞 qui, que を記入し，文を和訳しなさい．
- □ 1. C'est ce footballeur (　　) est un futur champion. _____
- □ 2. Ce n'est pas lui (　　) j'ai vu l'autre jour. _____
- □ 3. C'est cet acteur (　　) a joué dans des films. _____

2 （　）内の語を用いてフランス語の文を完成させて，和訳しなさい．
- □ 1. (je, que, présenterai, toi)　　C'est _____ à mes parents.
- □ 2. (meilleure, de, la, élève)　　Marie est _____ la classe.
- □ 3. (peu, un, prendre, de)　　Tu veux _____ fromage ?
- □ 4. (pas, pour, assez, grand)　　Ce lit n'est _____ mon fils.
- □ 5. (pas, de, trop, mange)　　Ne _____ gâteaux.
- □ 6. (une, robe, française, belle)　　Odile va essayer _____ .
- □ 7. (l'air, heureux, très, ont)　　Ils _____ .
- □ 8. (chère, pour, trop, est)　　Cette jupe _____ moi.
- □ 9. (de, neige, cette, beaucoup)　　Nous avons _____ année.
- □ 10. (Anne, conduite, par, est)　　La voiture _____ .
- □ 11. (de, besoin, pas, m'attendre)　　Vous n'avez _____ .
- □ 12. (veste, bien, avec, va)　　Cette _____ votre chemise bleue.

Expressions 12 connaître / savoir

73
- □ ▶Tu connais la fille qui danse au centre de la scène ? _____
- □ — Oui, je la connais.　C'est Dorothée, l'Étoile de l'Opéra. _____
- □ ▶Vous savez danser ? _____
- □ — Oui, je sais danser.　Je danse le ballet classique. _____

74
- □ 〈connaître〉（顔，名前；性格；場所を）「知っている」：目的語は名詞
- □ 　je connais, tu connais, il connaît, nous connaissons, vous connaissez, ils connaissent
- □ 〈savoir〉「（知識，事実として）知っている；（習得して）〜できる」：目的語は節，不定詞，名詞
- □ 　je sais, tu sais, il sait, nous savons, vous savez, ils savent
  - ◆目的語が「住所，名前など」の場合は，どちらの動詞も使える．

cinquante et un 51

Exercices supplémentaires 12 •

▶ Écrivez.

1 （　）内に適切な関係代名詞 qui, que を記入し，文を和訳しなさい．

☐ Il y a des gens (　　　) voient des choses (　　　) d'autres ne voient pas.
　　--

2 次の文を和訳し，下線部を強調した文に書き換えなさい．

☐ 1. Nous sommes arrivés les premiers.　--
　　--

☐ 2. Tu m'as déjà raconté une histoire.　--
　　--

☐ 3. Est-ce que vous m'avez téléphoné ?　--
　　--

3 （　）内の語を用いてフランス語の文を作り，和訳しなさい．

☐ 1. (mangé, Lyon, j'ai, que)　　C'est à _____ ce plat.

☐ 2. (une, prendre, de, douche)　Elle venait _____ à ce moment-là.

☐ 3. (Marguerite, faire, que, peut)　C'est tout ce _____ pour lui.

☐ 4. (plus, rentres, vite, le)　Tu _____ possible.

☐ 5. (la, de, mieux, cuisine)　Qui fait le _____ tes amis.

☐ 6. (pas, lui, veut, poser)　Il ne _____ la question ?

☐ 7. (la, construction, plus, haute)　Quelle est _____ du Japon ?

4 次の文を和訳してから，下線部を主語にした受動態の文に書き換えなさい．

☐ 1. Le lycée organise un voyage en Espagne chaque année.　--
　　　Chaque année un voyage en Espagne_____.

☐ 2. Le gouvernement annoncera prochainement une série de réformes.
　　--
　　　Une série de réformes _____.

5 日本語に対応するように（　）内の動詞を時制に注意して活用させなさい．

☐ 1. 2か月後には，山は雪に覆われるでしょう．
　　　Dans deux mois, la montagne (couvrir _____) de neige.

☐ 2. この少女は皆から好かれています．
　　　Cette fille (aimer _____) de tout le monde.

☐ 3. このケーキは母が作りました．
　　　Ce gâteau (faire _____) par ma mère.

En plus 12 検定4級のまとめ

☐ ▶人称代名詞

主語	直接目的補語	間接目的補語	強勢形
je	me (m')		moi
tu	te (t')		toi
il	le (l')	lui	lui
elle	la (l')		elle
nous	nous	nous	nous
vous	vous	vous	vous
ils	les	leur	eux
elles			elles

☐ ▶変化する指示代名詞：後ろに〈de＋名詞〉を伴う．**celui / celle / ceux / celles**
☐ Ce n'est pas mon sac, c'est celui de Paul.　これは私のカバンではありません，ポールの（カバン）です．

☐ ▶中性代名詞：**en / y / le**；人称代名詞とは異なり，性・数による変化をしない代名詞．
☐ 　**en**：① 前置詞 de＋名詞，不定詞など
　　　　② 不定冠詞 (un, une, des), 部分冠詞 (du, de la), 数詞, 数量副詞＋名詞
☐ 　**y**：① 前置詞 à (dans, en, chez など)＋場所　　② à＋もの，こと
☐ 　**le**：① 属詞（形容詞など）　　② 直接目的補語（不定詞，文，節など）

☐ ▶動詞活用語尾

法・時制 人称	je (j')	tu	il, elle	nous	vous	ils, elles
直説・現在　aimer	—e	—es	—e	—ons	—ez	—ent
finir	—s	—s	—t			
prendre	—ds	—ds	—d			
vouloir	—x	—x	—t			
直説・半過	—ais	—ais	—ait	—ions	—iez	—aient
直説・単未	—rai	—ras	—ra	—rons	—rez	—ront
命令・現在　aimer		—e		—ons	—ez	

☐ ▶代名動詞

〈se lever〉 起きる

je me lève	nous nous levons
tu te lèves	vous vous levez
il se lève	ils se lèvent

☐ se réveiller　目が覚める，起きる
☐ se coucher　寝る
☐ se promener　散歩する
☐ se laver　（自分の体を）洗う
☐ se dépêcher　急ぐ

☐ 否定：La porte ne se ferme pas.　ドアは閉まらない．
☐ 肯定命令：Réveille-toi !　起きろ！　　Dépêchons-nous.　急ぎましょう．
☐ ▶直説法複合過去：　主語＋(ne)＋助動詞 **avoir / être**＋(pas)＋過去分詞
☐ 　　Hier, il a plu toute la journée.　昨日は一日中雨が降った．
☐ 　　Elle est allée à New York l'an dernier.　彼女は昨年ニューヨークに行った．

Leçon 13

Dialogue 13 • date : _____

- □ Laurène : Tiens, il neige ! J'aime voir la neige tomber.
- □ Marc : Qu'il fait froid ! S'il faisait beau, j'irais acheter des cadeaux de Noël.
- □ Laurène : J'en ai déjà acheté, le tien aussi.

Grammaire 13 • • • • • • • • • • • • • 赤シートで学習する際に行頭の□にチェックを入れましょう

43 条件法現在

▶ □ 語尾：すべての動詞に共通．　　　□ 〈**aimer**〉単純未来の語幹＋**r**＋半過去の語尾

je —**rais** [-rɛ]	nous —**rions** [-rjɔ̃]
tu —**rais** [-rɛ]	vous —**riez** [-rje]
il —**rait** [-rɛ]	ils —**raient** [-rɛ]

j'aimerais	nous aimerions
tu aimerais	vous aimeriez
il aimerait	ils aimeraient

- □ être : je serais / avoir : j'aurais / aller : j'irais / vouloir : je voudrais / pouvoir : je pourrais
- □ ▶現実の事実に反する仮定： Si＋主語＋半過去，主語＋条件法現在　　「もし～ならば，…なのに」
- □ S'il était riche, il voyagerait à travers le monde entier.
- □ ▶語調緩和，推測，反語
- □ Pourriez-vous m'indiquer la boulangerie la plus proche ?

44 関係代名詞 où / dont

- □ ▶où：先行詞は場所・時で，状況補語となる．
  C'est le quatorze juillet où nous nous sommes rencontrés.
- □ ▶dont：〈前置詞 **de**＋名詞〉を受ける．先行詞は人・もの．
- □ C'est le film français dont vous m'avez parlé hier.
- □ ← C'est le film français. Vous m'avez parlé du film français hier. （parler de ～について話す）
- □ Je connais cette fille dont le père est peintre.
- □ ← Je connais cette fille. Son père (Le père de cette fille) est peintre.

45 不定代名詞

- □ quelqu'un「誰か」/ quelque chose「何か」/ (ne) rien「何も～ない」/ (ne) personne「誰も～ない」
- □ Il y a quelqu'un dans la salle ?　　　Non, il n'y a personne.
- □ Il y a quelque chose dans le frigo ?　　　Non, il n'y a rien.

46 所有代名詞：〈所有形容詞＋名詞〉の代わりをする．

□

	男/単	女/単	男/複	女/複
私のもの	le mien	la mienne	les miens	les miennes
君のもの	le tien	la tienne	les tiens	les tiennes
彼(女)のもの	le sien	la sienne	les siens	les siennes
私たちのもの	le nôtre	la nôtre	les nôtres	
あなた(たち)のもの	le vôtre	la vôtre	les vôtres	
彼女たちのもの	le leur	la leur	les leurs	

- □ Le chien de Paul est plus grand que le mien.

Exercices 13 • • • • • • • • • • • • • • • • • • • 下線部に和訳を赤ペンで書き入れましょう

† 間違えた問題などを赤ペンで訂正し，行頭の□にチェックを入れて，再度赤シートで学習しましょう．

1 意味を書き，次に①直説法単純未来1人称単数形②条件法現在1人称単数形に活用させなさい．
- □ 1. décider _____ ① _____ ② _____
- □ 2. choisir _____ ① _____ ② _____
- □ 3. être _____ ① _____ ② _____
- □ 4. avoir _____ ① _____ ② _____

2 （ ）内の動詞を条件法現在に活用させて下線部に記入し，文を和訳しなさい．
- □ 1. Je (vouloir _____) voir madame Lefèvre. _____
- □ 2. Tu (devoir _____) finir ton travail. _____
- □ 3. (Pouvoir _____)-vous fermer la fenêtre? _____

3 （ ）内の動詞を適切な法と時制に活用させて下線部に記入し，文を和訳しなさい．
- □ 1. Si je n'étais pas si fatiguée, je (venir _____) avec vous.
- □ 2. S'il (connaître _____) son numéro de téléphone, il lui annoncerait cette bonne nouvelle.

4 〈qui, que, où, dont〉の中から（ ）内に適切な関係代名詞を選んで記入し，文を和訳しなさい．
- □ 1. C'est la maison ( ) mon père a achetée il y a deux ans. _____
- □ 2. C'est la maison ( ) Flaubert est né. _____
- □ 3. C'est la valise ( ) j'ai besoin maintenant. _____

5 〈quelqu'un, quelque chose, rien, personne〉から（ ）内に適切な語を記入し，和訳しなさい．
- □ 1. J'ai ( ) à vous dire. _____
- □ 2. Il ne pense à ( ). _____
- □ 3. Elle n'a rencontré ( ). _____

Expressions 13 レストランに予約 • • • • • • • • • • • • • • 下線部に和訳を書きましょう

- □ — Restaurant « Le Chalet des Îles », bonjour ! _____
- □ — Allô, bonjour monsieur. _____
- □ Je voudrais réserver une table pour 19 heures le jeudi 19 juillet, s'il vous plaît.
- □ — Oui, madame. Pour combien de personnes ? _____
- □ — Pour 4 personnes. Au nom de Moreau. Il reste une table près de la fenêtre à l'intérieur ?
- □ — Je suis désolé, madame. C'est complet. _____
- □ Mais, il reste une table sur la terrasse. Ça vous convient ?
- □ — D'accord, sur la terrasse, s'il vous plaît. _____

cinquante-cinq 55

En plus 13 検定3級のポイント

[慣用表現]

日本語の文に対応するように，示されている最初の文字をヒントに（ ）内に適切な語を入れなさい。

☐ 1	やぁ，元気？	(S　　), ça va ?		Salut
☐ 2	こんにちは，私は青木と申します．	Bonjour, je (m'　　) Aoki.		m'appelle
☐ 3	（電話で）もしもし，ミッシェルさんですか？	(A　　), c'est Michel ?		Allô
☐ 4	みなさん，さようなら．	Au revoir, (t　　) le monde.		tout
☐ 5	ではまた来週に．	À la semaine (p　　).		prochaine
☐ 6	では水曜の午前中に．	On se (v　　) mercredi matin.		voit
☐ 7	また近いうちに．（おそらく数日後）	À (b　　).		bientôt
☐ 8	また後で．　（その日のうちに）	À tout à (l'　　).		l'heure
☐ 9	またすぐ後で．（数分後）	À tout de (s　　).		suite
☐ 10	また明日．	À (d　　).		demain
☐ 11	召し上がれ！	Bon (a　　) !		appétit
☐ 12	（健康を祝して）乾杯！	À votre [ta] (s　　) !		santé
☐ 13	企画の成功を祈って乾杯！	Au (s　　) de notre projet !		succès
☐ 14	頑張って！	(B　　) courage !		Bon
☐ 15	幸運を！	(B　　) chance !		Bonne
☐ 16	良い一日を！	(B　　) journée !		Bonne
☐ 17	良い夕べを！	(B　　) soirée !		Bonne
☐ 18	楽しんでください！	(A　　)-vous bien !		Amusez
☐ 19	楽しいご旅行を！	(B　　) voyage !		Bon
☐ 20	楽しいご滞在を！	Je vous (s　　) un bon séjour !		souhaite
☐ 21	よくお休みになってください！	(R　　)-vous bien !		Reposez
☐ 22	お休みなさい！	(B　　) nuit !		Bonne
☐ 23	よく寝てください！	(D　　) bien !		Dormez
☐ 24	楽しい夢をみてください！	Faites de beaux (r　　) !		rêves
☐ 25	お大事に！　（病気などの人に）	(S　　)-vous bien !		Soignez
☐ 26	良いヴァカンスを！	(B　　) vacances !		Bonnes
☐ 27	お誕生日おめでとう！	(B　　) anniversaire !		Bon
☐ 28	メリー・クリスマス！	Joyeux (N　　) !		Noël
☐ 29	（祝日）おめでとう！	(B　　) fête !		Bonne
☐ 30	新年おめでとう！	(B　　) année !		Bonne

☐ (Merci. に対して)「どういたしまして．」　① Je vous en (prie).　② Il n'y a pas de (quoi).
　　　　　　　　　　　　　　　　　　　③ De (rien).

☐ (謝られて)「たいしたことは[何でも]ありません．」　① Ce n'est pas (grave).　② Ça ne fait (rien).
　　　　　　　　　　　　　　　　　　　③ Ce n'est (rien).

☐「少し待ってください」　① Un (moment) s'il vous plaît.　② Un (instant) s'il vous plaît.
　　　　　　　　　　　③ Une (minute) s'il vous plaît.

☐「いくらですか？」① C'est (combien) ?　② Je vous d(ois) combien ?　③ Ça (coûte) combien ?

☐「喜んで．」　　① Avec (plaisir).　② (Volontiers).　③ Je (veux) bien.

☐ ①「本当ではありません．」Ce n'est pas (vrai).　②「本当に？」C'est (vrai) ?　③「本当です．」C'est (vrai).

Leçon 13

☐	31	おめでとう！（試験の合格や結婚で）	(F)!	Félicitations
☐	32	もちろんです．	Bien (s).	sûr
☐	33	お好きなように．	Comme vous (v).	voulez
☐	34	問題ありません．	Pas de (p).	problème
☐	35	うんざりです．	J'en ai (a).	assez
☐	36	場合によりけりです．	Ça (d).	dépend
☐	37	いいにおいです．	Ça sent (b).	bon
☐	38	お先にどうぞ．	(A) vous, je vous en prie.	Après
☐	39	申し訳ありません．	Je vous demande (p).	pardon
☐	40	本当に申し訳ありません．	Je suis vraiment (d).	désolé(e)

☐	41	ご親切に．	C'est (g).	gentil
☐	42	いま流行っています．	C'est à la (m).	mode
☐	43	いい考えですね．	C'est une (b) idée.	bonne
☐	44	（値段が）高すぎます．	C'est trop (c).	cher
☐	45	満員です．	C'est (c).	complet
☐	46	以上です．	C'est (t).	tout
☐	47	手遅れです．	C'est trop (t).	tard
☐	48	終わりました．	C'est (f).	fini
☐	49	まさか．	Ce n'est pas (p).	possible
☐	50	残念です．	C'est (d).	dommage

☐	51	残念！	Tant (p)!	pis
☐	52	さぁ，行きましょう	On y (v).	va
☐	53	どうしたのですか？（物事が）	Qu'est-ce qui se (p).	passe
☐	54	この機械は調子が良くない．	Cet appareil ne (m) pas bien.	marche
☐	55	どうしたのですか？（健康状態が）	Qu'est-ce que vous (a)?	avez
☐	56	気分が悪いです．	Je me sens (m).	mal
☐	57	お腹がすいているの？	Tu as (f)?	faim
☐	58	喉が渇いていますか？	Vous avez (s)?	soif
☐	59	君の言うとおりだよ．	Tu as (r).	raison
☐	60	君は間違っているよ．	Tu as (t).	tort

☐	61	お話をうかがいます．	Je vous (é).	écoute
☐	62	どちら様ですか？（電話で取り次ぐ際に）	C'est de la (p) de qui?	part
☐	63	どなたですか？（自分への電話に）	Qui est à (l'a)?	l'appareil
☐	64	そのままお待ちください．（電話で）	Ne (q) pas.	quittez
☐	65	ああ，そうですか？	Ah (b)?	bon
☐	66	右[左]に曲がってください．	Tournez à (d / g).	droite/gauche
☐	67	用意はできた？	Tu es (p).	prêt(e)
☐	68	ご飯ですよ．	À (t).	table
☐	69	お飲み物は何に致しましょうか？	Et (c) boisson, monsieur.	comme
☐	70	何をお出ししましょうか？	Qu'est-ce que je vous (s)?	sers

cinquante-sept 57

Leçon 14

Dialogue 14 • • • • • • • • • • • • • • • • • • date : _____

☐ Marc : Demain ce cera la journée portes ouvertes dans mon université.

☐ sa mère : Ah bon, mais la météo dit qu'il pleuvra.

☐ Il faut que tu prennes un parapluie.

Grammaire 14 • • • • • • • • • • 赤シートで学習する際に行頭の☐にチェックを入れましょう

47 接続法現在：語幹は多く直説法現在 3 人称複数 / 語尾は être, avoir 以外共通.

☐ 〈**aimer**〉語幹：3 人称複数現在 → ils aim*ent* ☐ 〈**finir**〉語幹：3 人称複数現在 → ils finiss*ent*

que j'aim**e**	que nous aim**ions**		que je finiss**e**	que nous finiss**ions**
que tu aim**es**	que vous aim**iez**		que tu finiss**es**	que vous finiss**iez**
qu'il aim**e**	qu'ils aim**ent**		qu'il finiss**e**	qu'ils finiss**ent**

☐ 特別な語幹・語尾

aller	que j'aille	que tu ailles	qu'il aille	que nous allions	que vous alliez	qu'ils aillent
venir	que je vienne	que tu viennes	qu'il vienne	que nous venions	que vous veniez	qu'ils viennent
faire	que je fasse	que tu fasses	qu'il fasse	que nous fassions	que vous fassiez	qu'ils fassent
savoir	que je sache	que tu saches	qu'il sache	que nous sachions	que vous sachiez	qu'ils sachent
pouvoir	que je puisse	que tu puisses	qu'il puisse	que nous puissions	que vous puissiez	qu'ils puissent
être	que je sois	que tu sois	qu'il soit	que nous soyons	que vous soyez	qu'ils soient
avoir	que j'aie	que tu aies	qu'il ait	que nous ayons	que vous ayez	qu'ils aient

☐ ［義務］ Il faut que vous sachiez la vérité.
☐ ［願望］ Nous souhaitons que tu réussisses.
☐ ［感情］ Je serais contente que vous veniez.
☐ ［不確実］ Elle ne croit pas qu'il parte.

48 選択の疑問代名詞：「(〜の中の) どれが，どれを，誰が」など選択を表す．［定冠詞＋疑問形容詞 quel］

☐

	男性 / 単数	女性 / 単数	男性 / 複数	女性 / 複数
主格 / 直接目的格	**lequel**	**laquelle**	**lesquels**	**lesquelles**

☐ Nous avons de beaux foulards. Lequel choisissez-vous ?

49 前置詞＋(選択ではない) 疑問代名詞 qui / quoi：［間接目的補語 / 状況補語］となる．

☐

人	もの
前置詞＋**qui**（＋倒置形）/ 前置詞＋**qui** est-ce que	前置詞＋**quoi**（＋倒置形）/ 前置詞＋**quoi** est-ce que

☐ De quoi parlez-vous ? — Nous parlons de la grève.
☐ De qui parlez-vous ? — Nous parlons de toi.

50 指示代名詞：ce, cela, ceci, ça 「これ，あれ，それ」

☐ Vous aimez ceci ou cela ? _____ ; Ça y est !

58 *cinquante-huit*

Exercices 14 • 下線部に和訳を赤ペンで書き入れましょう

† 間違えた問題などを赤ペンで訂正し，行頭の□にチェックを入れて，再度赤シートで学習しましょう．

1 次の動詞の接続法現在の活用を記入しなさい．

⟨partir⟩ que je _____, que tu _____, qu'il _____,
que nous _____, que vous _____, qu'ils _____.

2 動詞の意味を書き，① 直説法現在 3 人称複数形 ② 接続法現在 1 人称単数形に活用させなさい．

□ 1. venir _____ ① _____ ② _____
□ 2. voir _____ ① _____ ② _____
□ 3. prendre _____ ① _____ ② _____
□ 4. aimer _____ ① _____ ② _____

3 ( ) 内の動詞を接続法現在に活用させて下線部に記入し，文を和訳しなさい．

□ 1. Il est possible que Paul ne (venir _____) pas. _____
□ 2. Il faut que tu (être _____) sage. _____
□ 3. Son professeur veut qu'elle (savoir _____) parler français. _____

4 ( ) 内の動詞を命令法に活用させて記入し，文を和訳しなさい．

□ 1. (Dire _____)-lui bonjour de ma part, s'il vous plaît. _____
□ 2. (Faire _____) attention à ne pas manquer votre train. _____
□ 3. (Être _____) gentil avec tes amis. _____
□ 4. (Ne pas avoir _____) peur de ton papa. _____

2 ⟨ ⟩の中から①〜④に適切なものを選んで ( ) 内に記入し，和訳しなさい．

⟨lesquelles, laquelle, lequel, le mien, la mienne, la vôtre, quoi, dont, où, celle, celui⟩

① (_____) ② (_____) ③ (_____) ④ (_____)

□ Pourquoi ne dis-tu rien ? Tu penses à (①) ? _____
□ De ces voitures, (②) est à vous ? — C'est (③)-ci. Elle est plus belle que (④).

Expressions 14 叙法 • • • • • • • • • • • • • • • • • • • 下線部に和訳を書きましょう

叙法[法]：話者がある事柄を述べる時，その"**心的態度**"を示す動詞の 4 つの語形変化．
(1) 直説法：話者が自分の判断を"**現実**"のこととして述べる．(現在，複合過去，単純未来，半過去など)
□   Je n'ai pas d'appétit.   私は食欲がありません．
(2) 命令法：話者の意思を"**命令や勧誘**"の形で相手に働きかける．
□   Ayons du courage.   勇気をもちましょう．
(3) 条件法：話者が"**非現実**"を想定して，可能や推測を述べる．
□   Sans votre aide, elle ne réussirait pas.   あなたの助けがなければ，彼女の成功は無理でしょう．
(4) 接続法：話者の"**主観**"のあり方（願望，意志など）を述べる．接続詞 que を介する．
□   Je ne crois pas que monsieur D'Hondt soit mort.   ドント氏が死んだなんて信じられません．

cinquante-neuf 59

En plus 14 検定3級のまとめ

▶ [動詞活用語尾]

法・時制 / 人称	je (j')	tu	il, elle	nous	vous	ils, elles
直説法・現在 aimer finir prendre vouloir	—e —s —ds —x	—es —s —ds —x	—e —t —d —t	—ons	—ez	—ent
直説法・半過去	—ais	—ais	—ait	—ions	—iez	—aient
直説法・単純未来	—rai	—ras	—ra	—rons	—rez	—ront
条件法・現在	—rais	—rais	—rait	—rions	—riez	—raient
接続法・現在	—e	—es	—e	—ions	—iez	—ent
命令法・現在 aimer		—e		—ons	—ez	

☐ 1 命令法：接続法現在からの特殊活用

être	sois	soyons	soyez
avoir	aie	ayons	ayez

☐ 2 接続法現在：以下の que のついた従属節などで使用．

> **vouloir que** ～を望む / **souhaiter que** ～を願う / **être content(e) que** ～に満足な
> **il faut que** ～しなければならない / **il est possible que** ～かもしれない

☐ être : que je sois / avoir : que j'aie / aller : que j'aille / venir : que je vienne
☐ faire : que je fasse / savoir : que je sache / pouvoir : que je puisse

☐ 3 条件法現在：［単純未来の語幹＋r＋半過去の語尾］

☐ ① 語調緩和　Pourriez-vous m'indiquer la boulangerie ?
　② 非現実の仮定： Si ＋主語＋半過去，主語＋条件法現在　「もし～ならば，…なのに」
☐ 　　　S'il était riche, il voyagerait.
　　　　　（直説法半過去）　（条件法）
☐ être : je serais / avoir : j'aurais / aller : j'irais / vouloir : je voudrais / pouvoir : je pourrais

☐ 4 直説法単純未来：［語幹］① [-er] marcher : je marcherai　② [-ir] finir : je finirai
　　　　　　③ [-dre] attendre : j'attendrai
☐ ④ その他　être : je serai / avoir : j'aurai / aller : j'irai / faire : je ferai / venir : je viendrai
☐ ⑤ [-oir] voir : je verrai / pouvoir : je pourrai / vouloir : je voudrai / devoir : je devrai

☐ 5 直説法半過去：［語幹］finir → nous finissons → finiss : je finissais
☐ 　　avoir : j'avais / faire : je faisais / prendre : je prenais
　　lire : je lisais / attendre : j'attendais / écrire : j'écrivais
☐ 　　être のみ例外：j'étais, tu étais, il était, nous étions, vous étiez, ils étaient

☐ 6 近接未来： aller＋不定詞 「これから～するところだ」
☐ 　近接過去： venir＋de＋不定詞 「～したばかりだ」

60　*soixante*

Leçon 14

□ **7** 直説法複合過去 : 主語＋(ne)＋助動詞 **avoir** / **être**＋(pas)＋過去分詞

□ 助動詞 : être : je suis tu es il est nous sommes vous êtes ils sont
avoir : j'ai tu as il a nous avons vous avez ils ont

□ 過去分詞 : marcher : marché / finir : fini / attendre : attendu / voir : vu

□ être : été / avoir : eu / vouloir : voulu / pouvoir : pu / faire : fait / prendre : pris

□ 助動詞 être の場合：［往来・発着・出入・上下・生死］など．過去分詞は主語の性・数に一致する．

aller [allé] 行く, venir [venu] 来る, partir [parti] 出発する, arriver [arrivé] 到着する,
sortir [sorti] 出る, entrer [entré] 入る, monter [monté] 上がる,
descendre [descendu] 降りる, naître [né] 生まれる, mourir [mort] 死ぬ,
tomber [tombé] 落ちる, rester [resté] とどまる, devenir [devenu] 〜になる

□ **8** ジェロンディフ : **en**＋現在分詞 (—**ant**) 「〜しながら / 〜のとき」

□ **9** 直説法現在

不定詞	1人称：単	2人称：単	3人称：単	1人称：複	2人称：複(単)	3人称：複
aimer	j'aime	tu aimes	il aime	nous aimons	vous aimez	ils aiment
finir	je finis	tu finis	il finit	nous finissons	vous finissez	ils finissent
prendre	je prends	tu prends	il prend	nous prenons	vous prenez	ils prennent
faire	je fais	tu fais	il fait	nous faisons	vous faites	ils font
vouloir	je veux	tu veux	il veut	nous voulons	vous voulez	ils veulent
aller	je vais	tu vas	il va	nous allons	vous allez	ils vont
venir	je viens	tu viens	il vient	nous venons	vous venez	ils viennent
sortir	je sors	tu sors	il sort	nous sortons	vous sortez	ils sortent

□

不定詞	1人称：単	2人称：単	3人称：単	1人称：複	2人称：複(単)	3人称：複
acheter	j'achète	tu achètes	il achète	nous achetons	vous achetez	ils achètent
appeler	j'appelle	tu appelles	il appelle	nous appelons	vous appelez	ils appellent
boire	je bois	tu bois	il boit	nous buvons	vous buvez	ils boivent
commencer	je commence	tu commences	il commence	nous commençons	vous commencez	ils commencent
connaître	je connais	tu connais	il connaît	nous connaissons	vous connaissez	ils connaissent
croire	je crois	tu crois	il croit	nous croyons	vous croyez	ils croient
devoir	je dois	tu dois	il doit	nous devons	vous devez	ils doivent
dire	je dis	tu dis	il dit	nous disons	vous dites	ils disent
écrire	j'écris	tu écris	il écrit	nous écrivons	vous écrivez	ils écrivent
lire	je lis	tu lis	il lit	nous lisons	vous lisez	ils lisent
manger	je mange	tu manges	il mange	nous mangeons	vous mangez	ils mangent
mettre	je mets	tu mets	il met	nous mettons	vous mettez	ils mettent
ouvrir	j'ouvre	tu ouvres	il ouvre	nous ouvrons	vous ouvrez	ils ouvrent
plaire	plais	plais	il plaît	plaisons	plaisez	ils plaisent
préférer	je préfère	tu préfères	il préfère	nous préférons	vous préférez	ils préfèrent
savoir	je sais	tu sais	il sait	nous savons	vous savez	ils savent
voir	je vois	tu vois	il voit	nous voyons	vous voyez	ils voient

APPENDICE

1　関係代名詞

先行詞	主語	間接目的・属詞	間接目的・状況補語		状況補語 (先行詞は場所 / 時)
人	qui	que	前置詞＋**qui**	(前置詞は de) **dont**	**où** 前置詞＋**où**
もの 事			前置詞＋**lequel** …		
			前置詞＋**quoi**		

†dont は de qui, de quoi, duquel と同じ働きをする．

2　前置詞＋選択の疑問代名詞：lequel / laquelle / lesquels / lesquelles

　　　　　　　　形：前置詞　à　→　auquel, à laquelle, auxquels, auxquelles
　　　　　　　　　　前置詞　de　→　duquel, de laquelle, desquels, desquelles
　　　Duquel de ces journaux parlez-vous,　　　　どの新聞について話しているの，
　　　　de *Libération*, *du Monde*, ou *du Figaro*?　　リベラシィオン，ル・モンド，それともル・フィガロ？

3　話法：時を表す副詞は主節が現在でも過去でも変化する．

1) 時制の一致：主節が現在；従属節の時制は変化なし．
　　　　　　　主節が過去；従属節　① 現在→ 半過去　　② 過去→ 大過去
　　　　　　　　　　　　　　　　　③ 未来→ 条・現在　④ 前未来→ 条・過去

2) 平叙文：→ que
　　① Il m'a dit : « Paul partira demain. » → Il m'a dit que Paul partirait le lendemain.

3) 疑問文：→ si / qu'est-ce qui → ce qui / qu'est-ce que → ce que / その他の疑問詞はそのまま
　　② Il m'a demandé : «Paul part aujourd'hui?» → Il m'a demandé si Paul partait ce jour-là.
　　③ Il m'a demandé : « Qu'est-ce qui s'est passé ce matin ? »
　　　　　　　　　　　　　　　　　　　　→ Il m'a demandé ce qui s'était passé ce matin-là.
　　④ Il m'a demandé : « Qu'est-ce que tu as fait hier ? »
　　　　　　　　　　　　　　　　　　　　→ Il m'a demandé ce que j'avais fait la veille.
　　⑤ Il m'a demandé : « Quand est-ce que tu pars ? »　→ Il m'a demandé quand je partais.

4) 命令文：de＋不定詞
　　⑥ Il m'a dit : « Dépêche-toi ! » → Il m'a dit de me dépêcher.

4　接続法

1) 主節が願望などを表す動詞句の後で．(vouloir / souhaiter / être heureux)
　　Je serais content que vous veniez.　　　　あなたが来てくだされば うれしいのですが．

2) 話者の判断などを表す非人称構文で．(il faut que / il est possible que / c'est dommage que)
　　C'est dommage qu'il ne sache pas danser.　　彼が踊れなくて残念です．

3) 特定された接続詞句に導かれる副詞節で．
　　　　　　［譲歩］bien que　　quoique　　　　　「～にもかかわらず」
　　　　　　［目的］pour que　　afin que　　　　　「～のために」
　　　　　　［条件］pourvu que　 à moins que　　　「～さえすれば」
　　　　　　［時間］avant que　　jusqu'à ce que　　「～より前に / ～まで」
　　　　　　［否定］sans que　　　　　　　　　　　「～することなく」
　　Rentrons chez nous avant qu'il pleuve.　　雨が降る前に家に帰りましょう．

4) 先行詞が最上級やそれに準ずる表現のとき．

5 接続法過去：助動詞 (avoir / être) の接続法現在＋過去分詞

⟨**aimer**⟩

que j'aie aimé	que nous ayons aimé
que tu aies aimé	que vous ayez aimé
qu'il ait aimé	qu'ils aient aimé
qu'elle ait aimé	qu'elles aient aimé

⟨**arriver**⟩

que je sois arrivé(e)	que nous soyons arrivé(e)s
que tu sois arrivé(e)	que vous soyez arrivé(e)(s)
qu'il soit arrivé	qu'ils soient arrivés
qu'elle soit arrivée	qu'elles soient arrivées

C'est le plus beau village que nous ayons visité.　これは私たちがこれまで訪ねたなかで一番美しい村です．

6 条件法過去：助動詞 (avoir / être) の条件法現在＋過去分詞

⟨**aimer**⟩

j'aurais aimé	nous aurions aimé
tu aurais aimé	vous auriez aimé
il aurait aimé	ils auraient aimé
elle aurait aimé	elles auraient aimé

⟨**arriver**⟩

je serais arrivé(e)	nous serions arrivé(e)s
tu serais arrivé(e)	vous seriez arrivé(e)(s)
il serait arrivé	ils seraient arrivés
elle serait arrivée	elles seraient arrivées

J'aurais voulu passer les vacances au bord de la mer.　海辺でヴァカンスを過ごしたかったのに．

7 直説法単純過去：過去において完了した行為や出来事を表し，書き言葉として歴史の記述や小説などに用いられる．

Marie-Antoinette naquit à Vienne en 1755.　マリー・アントワネットは 1755 年ウィーンで生まれた．

La deuxième guerre mondiale éclata en 1939.　第二次世界大戦は 1939 年に勃発した．

Elle fit « oui » d'un mouvement de tête,　彼女は父と母の機嫌を少しも損ねることのないよう，
pour ne point contrarier père et mère.　うなずいて「はい」と言った．

活用：① a 型：⟨-er⟩ 動詞の全て　　　　　　　　　　　；語尾　-ai / -as / -a / -âmes / -âtes / -èrent

　　　② i 型：第2群規則動詞，⟨-re⟩ 動詞のほとんど；語尾　-is / -is / -it / -îmes / -îtes / -irent

　　　③ u 型：⟨-oir⟩ 動詞のほとんど avoir, être　　 ；語尾　-us / -us / -ut / -ûmes / -ûtes / -urent

a 型　⟨**aimer**⟩

j'aimai	nous aimâmes
tu aimas	vous aimâtes
il aima	ils aimèrent
elle aima	elles aimèrent

i 型　⟨**finir**⟩

je finis	nous finîmes
tu finis	vous finîtes
il finit	ils finirent
elle finit	elles finirent

u 型　⟨**avoir**⟩

j'eus	nous eûmes
tu eus	vous eûtes
il eut	ils eurent
elle eut	elles eurent

u 型　⟨**être**⟩

je fus	nous fûmes
tu fus	vous fûtes
il fut	ils furent
elle fut	elles furent

綴り字と発音

1 一般原則

1) 語末の子音字は原則として発音しない．　　　　　petit　mot　enfant
　　ただし c, f, l, r の場合は発音されることが多い．　ciel　chef　sœur
2) 語末の e は発音されないか，[ə] と読む．特に 2 音節以上の単語の語尾は発音されない．
　　　　　　　　　　　　　　　　　　　　　　　père　table / le [lə]
3) h は発音しない．　　　　　　　　　　　　　　hôtel　homme　horizon

2 母音

1) 単母音字

綴り	発音	例
a à â	[a] [ɑ]	arobase [arɔbaːz] アットマーク　pas [pɑ] ステップ là [la] そこ âge [ɑːʒ] 年齢
e	[–]* [ə] [e] [ɛ]	madame [madam] マダム petit [pəti] 小さい aller [ale] 行く　　mer [mɛːr] 海　　ballet [balɛ] バレエ
é è ê	[e] [ɛ]	été [ete] 夏　　bébé [bebe] 赤ちゃん mère [mɛːr] 母 tête [tɛt] 頭
i î ï y	[i]	ici [isi] ここ　　midi [midi] 正午 île [il] 島 naïf [naif] 素朴な style [stil] スタイル
o ô	[o] [ɔ]	mot [mo] 言葉　　potage [pɔtaːʒ] ポタージュ hôtel [otɛl] ホテル
u û	[y]	sur [syːr] 〜の上 sûr [syːr] 確かな　　flûte [flyt] フルート

*e の [–] は発音しない

2) 複合母音字

綴り	発音	例
ai ei	[ɛ]	maison [mɛzɔ̃] 家　　mai [mɛ] 5月　　lait [lɛ] ミルク Seine [sɛn] セーヌ川
au eau	[o]	aussi [osi] 〜もまた beau [bo] 美しい　　bateau [bato] 船
ou où oû	[u]	journaliste [ʒurnalist] 記者　　amour [amuːr] 愛 où [u] どこに août [u(t)] 8月
eu œu	[ø] [œ]	bleu [blø] 青　　deux [dø] 2　　peu [pø] ほんの少し sœur [sœːr] 姉妹　　cœur [kœːr] 心
oi	[wa]	oiseau [wazo] 鳥　　voiture [vwatyːr] 車

soixante-quatre

3) 鼻母音

綴り	発音	例
am an em en	[ɑ̃]	chambre [ʃɑ̃br] 部屋 chanteur [ʃɑ̃tæːr] 歌手 temps [tɑ̃] 時 centre [sɑ̃tr] 中心　　cent [sɑ̃] 100
im in aim ain ein ym yn	[ɛ̃]	simple [sɛ̃pl] 単純な matin [matɛ̃] 朝　　cinq [sɛ̃ːk] 5 faim [fɛ̃] 空腹 main [mɛ̃] 手 peintre [pɛ̃tr] 画家 symbole [sɛ̃bɔl] シンボル synthèse [sɛ̃tɛːz] 総合
om on	[ɔ̃]	nom [nɔ̃] 名前 montre [mɔ̃tr] 腕時計
um un	[œ̃]	parfum [parfœ̃] 香水 un [œ̃] 1　　lundi [lœ̃di] 月曜日
oin ien	[wɛ̃] [jɛ̃]	loin [lwɛ̃] 遠くに　　bien [bjɛ̃] 良く

4) 半母音

綴り	発音	例
i＋母音字	[j]	hier [jɛːr] 昨日
u＋母音字	[ɥ]	fruit [frɥi] 果物
ou＋母音字	[w]	oui [wi] はい

5) 母音字＋il, ill

綴り	発音	例
ail, aill	[aj]	travail [travaj] 仕事　　travailler [travaje] 働く
eil, eill	[ɛj]	soleil [sɔlɛj] 太陽　　meilleur [mɛjœːr] より良い
ill	[ij]	fille [fij] 娘　　famille [famij] 家族

3 子音字

綴り	発音	例
b：原則 b (＋c, s, t)	[b] [p]	bonjour [bɔ̃ʒuːr] こんにちは absent [apsɑ̃] 不在の
c＋子音字 c (＋a, o, u)	[k]	acte [akt] 行為 café [kafe] コーヒー
c (＋e, i, y) ç	[s]	cycle [sikl] 周期 français [frɑ̃sɛ] フランス語
g (＋a, o, u)	[g]	garçon [garsɔ̃] 少年
g (＋e, i, y)	[ʒ]	argent [arʒɑ̃] お金
s：原則	[s]	sport [spɔːr] スポーツ
s (母音の間)	[z]	magasin [magazɛ̃] 店
ss	[s]	professeur [prɔfɛsœːr] 先生
ch: 原則	[ʃ]	chose [ʃoːz] もの
ch (＋子音字)	[k]	technique [tɛknik] 技術
gn	[ɲ]	signe [siɲ] サイン
ph	[f]	photo [foto] 写真
qu	[k]	question [kɛstjɔ̃] 質問
th	[t]	théâtre [teɑːtr] 演劇

soixante-cinq 65

シートで覚えるフランス語入門
― 5級・4級仏検ゲット！―
（CD付）

日本大学教授　石　川　光　一　著
東京女子学院講師　石　川　弘　子

2013. 2. 20　初版印刷
2013. 3. 1　初版発行

発行者　井　田　洋　二

〒101-0062 東京都千代田区神田駿河台 3 の 7
発行所　電話　03(3291)1676　FAX 03(3291)1675
振替　00190-3-56669

株式会社　駿河台出版社

組版　ユーピー工芸／印刷・製本　三友印刷

http://www.e-surugadai.com
ISBN 978-4-411-00772-8

動詞活用表

◇ 活用表中，現在分詞と過去分詞はイタリック体，また書体の違う活用は，とくに注意すること．

accueillir	22	écrire	40	pleuvoir	61
acheter	10	émouvoir	55	pouvoir	54
acquérir	26	employer	13	préférer	12
aimer	7	envoyer	15	prendre	29
aller	16	être	2	recevoir	52
appeler	11	être aimé(e)(s)	5	rendre	28
(s')asseoir	60	être allé(e)(s)	4	résoudre	42
avoir	1	faire	31	rire	48
avoir aimé	3	falloir	62	rompre	50
battre	46	finir	17	savoir	56
boire	41	fuir	27	sentir	19
commencer	8	(se) lever	6	suffire	34
conclure	49	lire	33	suivre	38
conduire	35	manger	9	tenir	20
connaître	43	mettre	47	vaincre	51
coudre	37	mourir	25	valoir	59
courir	24	naître	44	venir	21
craindre	30	ouvrir	23	vivre	39
croire	45	partir	18	voir	57
devoir	53	payer	14	vouloir	58
dire	32	plaire	36		

◇ 単純時称の作り方

不定法
—er [e]
—ir [ir]
—re [r]
—oir [war]

現在分詞
—ant [ɑ̃]

	直説法現在		接続法現在	直説法半過去
je (j')	—e [無音]	—s [無音]	—e [無音]	—ais [ɛ]
tu	—es [無音]	—s [無音]	—es [無音]	—ais [ɛ]
il	—e [無音]	—t [無音]	—e [無音]	—ait [ɛ]
nous	—ons [ɔ̃]		—ions [jɔ̃]	—ions [jɔ̃]
vous	—ez [e]		—iez [je]	—iez [je]
ils	—ent [無音]		—ent [無音]	—aient [ɛ]

	直説法単純未来		条件法現在	
je (j')	—rai	[re]	—rais	[rɛ]
tu	—ras	[rɑ]	—rais	[rɛ]
il	—ra	[ra]	—rait	[rɛ]
nous	—rons	[rɔ̃]	—rions	[rjɔ̃]
vous	—rez	[re]	—riez	[rje]
ils	—ront	[rɔ̃]	—raient	[rɛ]

	直説法単純過去					
je	—ai	[e]	—is	[i]	—us	[y]
tu	—as	[ɑ]	—is	[i]	—us	[y]
il	—a	[a]	—it	[i]	—ut	[y]
nous	—âmes	[am]	—îmes	[im]	—ûmes	[ym]
vous	—âtes	[at]	—îtes	[it]	—ûtes	[yt]
ils	—èrent	[ɛr]	—irent	[ir]	—urent	[yr]

過去分詞	—é [e], —i [i], —u [y], —s [無音], —t [無音]

①**直説法現在**の単数形は，第一群動詞では—e, —es, —e；他の動詞ではほとんど—s, —s, —t.
②**直説法現在と接続法現在**では，nous, vous の語幹が，他の人称の語幹と異なること(母音交替)がある．
③**命令法**は，直説法現在の tu, nous, vous をとった形．(ただし—es → e　vas → va)
④**接続法現在**は，多く直説法現在の3人称複数形から作られる．ils partent → je parte.
⑤**直説法半過去**と**現在分詞**は，直説法現在の1人称複数形から作られる．
⑥**直説法単純未来**と**条件法現在**は多く不定法から作られる．aimer → j'aimerai, finir → je finirai, rendre → je rendrai (-oir 型の語幹は不規則)．

1. avoir

		直　説　法	
	現　在	半　過　去	単　純　過　去
現在分詞	j' ai	j' avais	j' eus [y]
ayant	tu as	tu avais	tu eus
	il a	il avait	il eut
過去分詞	nous avons	nous avions	nous eûmes
eu [y]	vous avez	vous aviez	vous eûtes
	ils ont	ils avaient	ils eurent

命　令　法	複　合　過　去	大　過　去	前　過　去
	j' ai eu	j' avais eu	j' eus eu
aie	tu as eu	tu avais eu	tu eus eu
	il a eu	il avait eu	il eut eu
ayons	nous avons eu	nous avions eu	nous eûmes eu
ayez	vous avez eu	vous aviez eu	vous eûtes eu
	ils ont eu	ils avaient eu	ils eurent eu

2. être

		直　説　法	
	現　在	半　過　去	単　純　過　去
現在分詞	je suis	j' étais	je fus
étant	tu es	tu étais	tu fus
	il est	il était	il fut
過去分詞	nous sommes	nous étions	nous fûmes
été	vous êtes	vous étiez	vous fûtes
	ils sont	ils étaient	ils furent

命　令　法	複　合　過　去	大　過　去	前　過　去
	j' ai été	j' avais été	j' eus été
sois	tu as été	tu avais été	tu eus été
	il a été	il avait été	il eut été
soyons	nous avons été	nous avions été	nous eûmes été
soyez	vous avez été	vous aviez été	vous eûtes été
	ils ont été	ils avaient été	ils eurent été

3. avoir aimé

[複合時称]		直　説　法	
	複　合　過　去	大　過　去	前　過　去
分詞複合形	j' ai aimé	j' avais aimé	j' eus aimé
ayant aimé	tu as aimé	tu avais aimé	tu eus aimé
	il a aimé	il avait aimé	il eut aimé
命　令　法	elle a aimé	elle avait aimé	elle eut aimé
aie aimé	nous avons aimé	nous avions aimé	nous eûmes aimé
ayons aimé	vous avez aimé	vous aviez aimé	vous eûtes aimé
ayez aimé	ils ont aimé	ils avaient aimé	ils eurent aimé
	elles ont aimé	elles avaient aimé	elles eurent aimé

4. être allé(e)(s)

[複合時称]		直　説　法	
	複　合　過　去	大　過　去	前　過　去
分詞複合形	je suis allé(e)	j' étais allé(e)	je fus allé(e)
étant allé(e)(s)	tu es allé(e)	tu étais allé(e)	tu fus allé(e)
	il est allé	il était allé	il fut allé
命　令　法	elle est allée	elle était allée	elle fut allée
sois allé(e)	nous sommes allé(e)s	nous étions allé(e)s	nous fûmes allé(e)s
soyons allé(e)s	vous êtes allé(e)(s)	vous étiez allé(e)(s)	vous fûtes allé(e)(s)
soyez allé(e)(s)	ils sont allés	ils étaient allés	ils furent allés
	elles sont allées	elles étaient allées	elles furent allées

		条　件　法		接　続　法			
単　純　未　来		現　在		現　在		半　過　去	
j'	aurai	j'	aurais	j'	aie	j'	eusse
tu	auras	tu	aurais	tu	aies	tu	eusses
il	aura	il	aurait	il	ait	il	eût
nous	aurons	nous	aurions	nous	ayons	nous	eussions
vous	aurez	vous	auriez	vous	ayez	vous	eussiez
ils	auront	ils	auraient	ils	aient	ils	eussent
前　未　来		過　去		過　去		大　過　去	
j' aurai eu		j' aurais eu		j' aie eu		j' eusse eu	
tu auras eu		tu aurais eu		tu aies eu		tu eusses eu	
il aura eu		il aurait eu		il ait eu		il eût eu	
nous aurons eu		nous aurions eu		nous ayons eu		nous eussions eu	
vous aurez eu		vous auriez eu		vous ayez eu		vous eussiez eu	
ils auront eu		ils auraient eu		ils aient eu		ils eussent eu	

		条　件　法		接　続　法			
単　純　未　来		現　在		現　在		半　過　去	
je	serai	je	serais	je	sois	je	fusse
tu	seras	tu	serais	tu	sois	tu	fusses
il	sera	il	serait	il	soit	il	fût
nous	serons	nous	serions	nous	soyons	nous	fussions
vous	serez	vous	seriez	vous	soyez	vous	fussiez
ils	seront	ils	seraient	ils	soient	ils	fussent
前　未　来		過　去		過　去		大　過　去	
j' aurai été		j' aurais été		j' aie été		j' eusse été	
tu auras été		tu aurais été		tu aies été		tu eusses été	
il aura été		il aurait été		il ait été		il eût été	
nous aurons été		nous aurions été		nous ayons été		nous eussions été	
vous aurez été		vous auriez été		vous ayez été		vous eussiez été	
ils auront été		ils auraient été		ils aient été		ils eussent été	

		条　件　法		接　続　法			
前　未　来		過　去		過　去		大　過　去	
j' aurai aimé		j' aurais aimé		j' aie aimé		j' eusse aimé	
tu auras aimé		tu aurais aimé		tu aies aimé		tu eusses aimé	
il aura aimé		il aurait aimé		il ait aimé		il eût aimé	
elle aura aimé		elle aurait aimé		elle ait aimé		elle eût aimé	
nous aurons aimé		nous aurions aimé		nous ayons aimé		nous eussions aimé	
vous aurez aimé		vous auriez aimé		vous ayez aimé		vous eussiez aimé	
ils auront aimé		ils auraient aimé		ils aient aimé		ils eussent aimé	
elles auront aimé		elles auraient aimé		elles aient aimé		elles eussent aimé	

		条　件　法		接　続　法			
前　未　来		過　去		過　去		大　過　去	
je serai allé(e)		je serais allé(e)		je sois allé(e)		je fusse allé(e)	
tu seras allé(e)		tu serais allé(e)		tu sois allé(e)		tu fusses allé(e)	
il sera allé		il serait allé		il soit allé		il fût allé	
elle sera allée		elle serait allée		elle soit allée		elle fût allée	
nous serons allé(e)s		nous serions allé(e)s		nous soyons allé(e)s		nous fussions allé(e)s	
vous serez allé(e)(s)		vous seriez allé(e)(s)		vous soyez allé(e)(s)		vous fussiez allé(e)(s)	
ils seront allés		ils seraient allés		ils soient allés		ils fussent allés	
elles seront allées		elles seraient allées		elles soient allées		elles fussent allées	

5. être aimé(e)(s) [受動態]

直　説　法							接　続　法		
現　在			複　合　過　去				現　在		
je	suis	aimé(e)	j'	ai	été	aimé(e)	je	sois	aimé(e)
tu	es	aimé(e)	tu	as	été	aimé(e)	tu	sois	aimé(e)
il	est	aimé	il	a	été	aimé	il	soit	aimé
elle	est	aimée	elle	a	été	aimée	elle	soit	aimée
nous	sommes	aimé(e)s	nous	avons	été	aimé(e)s	nous	soyons	aimé(e)s
vous	êtes	aimé(e)(s)	vous	avez	été	aimé(e)(s)	vous	soyez	aimé(e)(s)
ils	sont	aimés	ils	ont	été	aimés	ils	soient	aimés
elles	sont	aimées	elles	ont	été	aimées	elles	soient	aimées
半　過　去			大　過　去				過　去		
j'	étais	aimé(e)	j'	avais	été	aimé(e)	j'	aie	été	aimé(e)
tu	étais	aimé(e)	tu	avais	été	aimé(e)	tu	aies	été	aimé(e)
il	était	aimé	il	avait	été	aimé	il	ait	été	aimé
elle	était	aimée	elle	avait	été	aimée	elle	ait	été	aimée
nous	étions	aimé(e)s	nous	avions	été	aimé(e)s	nous	ayons	été	aimé(e)s
vous	étiez	aimé(e)(s)	vous	aviez	été	aimé(e)(s)	vous	ayez	été	aimé(e)(s)
ils	étaient	aimés	ils	avaient	été	aimés	ils	aient	été	aimés
elles	étaient	aimées	elles	avaient	été	aimées	elles	aient	été	aimées
単　純　過　去			前　過　去				半　過　去		
je	fus	aimé(e)	j'	eus	été	aimé(e)	je	fusse	aimé(e)
tu	fus	aimé(e)	tu	eus	été	aimé(e)	tu	fusses	aimé(e)
il	fut	aimé	il	eut	été	aimé	il	fût	aimé
elle	fut	aimée	elle	eut	été	aimée	elle	fût	aimée
nous	fûmes	aimé(e)s	nous	eûmes	été	aimé(e)s	nous	fussions	aimé(e)s
vous	fûtes	aimé(e)(s)	vous	eûtes	été	aimé(e)(s)	vous	fussiez	aimé(e)(s)
ils	furent	aimés	ils	eurent	été	aimés	ils	fussent	aimés
elles	furent	aimées	elles	eurent	été	aimées	elles	fussent	aimées
単　純　未　来			前　未　来				大　過　去		
je	serai	aimé(e)	j'	aurai	été	aimé(e)	j'	eusse	été	aimé(e)
tu	seras	aimé(e)	tu	auras	été	aimé(e)	tu	eusses	été	aimé(e)
il	sera	aimé	il	aura	été	aimé	il	eût	été	aimé
elle	sera	aimée	elle	aura	été	aimée	elle	eût	été	aimée
nous	serons	aimé(e)s	nous	aurons	été	aimé(e)s	nous	eussions	été	aimé(e)s
vous	serez	aimé(e)(s)	vous	aurez	été	aimé(e)(s)	vous	eussiez	été	aimé(e)(s)
ils	seront	aimés	ils	auront	été	aimés	ils	eussent	été	aimés
elles	seront	aimées	elles	auront	été	aimées	elles	eussent	été	aimées

条　件　法							
現　在			過　去				
je	serais	aimé(e)	j'	aurais	été	aimé(e)
tu	serais	aimé(e)	tu	aurais	été	aimé(e)
il	serait	aimé	il	aurait	été	aimé
elle	serait	aimée	elle	aurait	été	aimée
nous	serions	aimé(e)s	nous	aurions	été	aimé(e)s
vous	seriez	aimé(e)(s)	vous	auriez	été	aimé(e)(s)
ils	seraient	aimés	ils	auraient	été	aimés
elles	seraient	aimées	elles	auraient	été	aimées

現在分詞
étant aimé(e)(s)

過去分詞
été aimé(e)(s)

命　令　法
sois aimé(e)s
soyons aimé(e)s
soyez aimé(e)(s)

6. se lever [代名動詞]

直　説　法			接　続　法		
現　在			現　在		
je	me	lève	je	me	lève
tu	te	lèves	tu	te	lèves
il	se	lève	il	se	lève
elle	se	lève	elle	se	lève
nous	nous	levons	nous	nous	levions
vous	vous	levez	vous	vous	leviez
ils	se	lèvent	ils	se	lèvent
elles	se	lèvent	elles	se	lèvent

複　合　過　去		
je	me	suis	levé(e)
tu	t'	es	levé(e)
il	s'	est	levé
elle	s'	est	levée
nous	nous	sommes	levé(e)s
vous	vous	êtes	levé(e)(s)
ils	se	sont	levés
elles	se	sont	levées

半　過　去			大　過　去				過　去		
je	me	levais	je	m'	étais	levé(e)	je	me	sois	levé(e)
tu	te	levais	tu	t'	étais	levé(e)	tu	te	sois	levé(e)
il	se	levait	il	s'	était	levé	il	se	soit	levé
elle	se	levait	elle	s'	était	levée	elle	se	soit	levée
nous	nous	levions	nous	nous	étions	levé(e)s	nous	nous	soyons	levé(e)s
vous	vous	leviez	vous	vous	étiez	levé(e)(s)	vous	vous	soyez	levé(e)(s)
ils	se	levaient	ils	s'	étaient	levés	ils	se	soient	levés
elles	se	levaient	elles	s'	étaient	levées	elles	se	soient	levées

単　純　過　去			前　過　去				半　過　去		
je	me	levai	je	me	fus	levé(e)	je	me	levasse
tu	te	levas	tu	te	fus	levé(e)	tu	te	levasses
il	se	leva	il	se	fut	levé	il	se	levât
elle	se	leva	elle	se	fut	levée	elle	se	levât
nous	nous	levâmes	nous	nous	fûmes	levé(e)s	nous	nous	levassions
vous	vous	levâtes	vous	vous	fûtes	levé(e)(s)	vous	vous	levassiez
ils	se	levèrent	ils	se	furent	levés	ils	se	levassent
elles	se	levèrent	elles	se	furent	levées	elles	se	levassent

単　純　未　来			前　未　来				大　過　去		
je	me	lèverai	je	me	serai	levé(e)	je	me	fusse	levé(e)
tu	te	lèveras	tu	te	seras	levé(e)	tu	te	fusses	levé(e)
il	se	lèvera	il	se	sera	levé	il	se	fût	levé
elle	se	lèvera	elle	se	sera	levée	elle	se	fût	levée
nous	nous	lèverons	nous	nous	serons	levé(e)s	nous	nous	fussions	levé(e)s
vous	vous	lèverez	vous	vous	serez	levé(e)(s)	vous	vous	fussiez	levé(e)(s)
ils	se	lèveront	ils	se	seront	levés	ils	se	fussent	levés
elles	se	lèveront	elles	se	seront	levées	elles	se	fussent	levées

条　件　法							現在分詞
現　在			過　去				se levant
je	me	lèverais	je	me	serais	levé(e)	
tu	te	lèverais	tu	te	serais	levé(e)	
il	se	lèverait	il	se	serait	levé	命　令　法
elle	se	lèverait	elle	se	serait	levée	
nous	nous	lèverions	nous	nous	serions	levé(e)s	lève-toi
vous	vous	lèveriez	vous	vous	seriez	levé(e)(s)	levons-nous
ils	se	lèveraient	ils	se	seraient	levés	levez-vous
elles	se	lèveraient	elles	se	seraient	levées	

◇ se が間接補語のとき過去分詞は性・数の変化をしない。

不定法 現在分詞 過去分詞	直説法			
	現在	半過去	単純過去	単純未来
7. aimer *aimant* *aimé*	j' aime tu aimes il aime n. aimons v. aimez ils aiment	j' aimais tu aimais il aimait n. aimions v. aimiez ils aimaient	j' aimai tu aimas il aima n. aimâmes v. aimâtes ils aimèrent	j' aimerai tu aimeras il aimera n. aimerons v. aimerez ils aimeront
8. commencer *commençant* *commencé*	je commence tu commences il commence n. commençons v. commencez ils commencent	je commençais tu commençais il commençait n. commencions v. commenciez ils commençaient	je commençai tu commenças il commença n. commençâmes v. commençâtes ils commencèrent	je commencerai tu commenceras il commencera n. commencerons v. commencerez ils commenceront
9. manger *mangeant* *mangé*	je mange tu manges il mange n. mangeons v. mangez ils mangent	je mangeais tu mangeais il mangeait n. mangions v. mangiez ils mangeaient	je mangeai tu mangeas il mangea n. mangeâmes v. mangeâtes ils mangèrent	je mangerai tu mangeras il mangera n. mangerons v. mangerez ils mangeront
10. acheter *achetant* *acheté*	j' achète tu achètes il achète n. achetons v. achetez ils achètent	j' achetais tu achetais il achetait n. achetions v. achetiez ils achetaient	j' achetai tu achetas il acheta n. achetâmes v. achetâtes ils achetèrent	j' achèterai tu achèteras il achètera n. achèterons v. achèterez ils achèteront
11. appeler *appelant* *appelé*	j' appelle tu appelles il appelle n. appelons v. appelez ils appellent	j' appelais tu appelais il appelait n. appelions v. appeliez ils appelaient	j' appelai tu appelas il appela n. appelâmes v. appelâtes ils appelèrent	j' appellerai tu appelleras il appellera n. appellerons v. appellerez ils appelleront
12. préférer *préférant* *préféré*	je préfère tu préfères il préfère n. préférons v. préférez ils préfèrent	je préférais tu préférais il préférait n. préférions v. préfériez ils préféraient	je préférai tu préféras il préféra n. préférâmes v. préférâtes ils préférèrent	je préférerai tu préféreras il préférera n. préférerons v. préférerez ils préféreront
13. employer *employant* *employé*	j' emploie tu emploies il emploie n. employons v. employez ils emploient	j' employais tu employais il employait n. employions v. employiez ils employaient	j' employai tu employas il employa n. employâmes v. employâtes ils employèrent	j' emploierai tu emploieras il emploiera n. emploierons v. emploierez ils emploieront

条件法	接続法		命令法	同型
現在	現在	半過去		
j' aimerais tu aimerais il aimerait n. aimerions v. aimeriez ils aimeraient	j' aime tu aimes il aime n. aimions v. aimiez ils aiment	j' aimasse tu aimasses il aimât n. aimassions v. aimassiez ils aimassent	aime aimons aimez	注語尾 -er の動詞 (除: aller, envoyer) を**第一群規則動詞**と もいう.
je commencerais tu commencerais il commencerait n. commencerions v. commenceriez ils commenceraient	je commence tu commences il commence n. commencions v. commenciez ils commencent	je commençasse tu commençasses il commençât n. commençassions v. commençassiez ils commençassent	commence commençons commencez	**avancer** **effacer** **forcer** **lancer** **placer** **prononcer** **remplacer** **renoncer**
je mangerais tu mangerais il mangerait n. mangerions v. mangeriez ils mangeraient	je mange tu manges il mange n. mangions v. mangiez ils mangent	je mangeasse tu mangeasses il mangeât n. mangeassions v. mangeassiez ils mangeassent	mange mangeons mangez	**arranger** **changer** **charger** **déranger** **engager** **manger** **obliger** **voyager**
j' achèterais tu achèterais il achèterait n. achèterions v. achèteriez ils achèteraient	j' achète tu achètes il achète n. achetions v. achetiez ils achètent	j' achetasse tu achetasses il achetât n. achetassions v. achetassiez ils achetassent	achète achetons achetez	**achever** **amener** **enlever** **lever** **mener** **peser** **(se) promener**
j' appellerais tu appellerais il appellerait n. appellerions v. appelleriez ils appelleraient	j' appelle tu appelles il appelle n. appelions v. appeliez ils appellent	j' appelasse tu appelasses il appelât n. appelassions v. appelassiez ils appelassent	appelle appelons appelez	**jeter** **rappeler** **rejeter** **renouveler**
je préférerais tu préférerais il préférerait n. préférerions v. préféreriez ils préféreraient	je préfère tu préfères il préfère n. préférions v. préfériez ils préfèrent	je préférasse tu préférasses il préférât n. préférassions v. préférassiez ils préférassent	préfère préférons préférez	**considérer** **désespérer** **espérer** **inquiéter** **pénétrer** **posséder** **répéter** **sécher**
j' emploierais tu emploierais il emploierait n. emploierions v. emploieriez ils emploieraient	j' emploie tu emploies il emploie n. employions v. employiez ils emploient	j' employasse tu employasses il employât n. employassions v. employassiez ils employassent	emploie employons employez	**-oyer**(除: **envoyer**) **-uyer** **appuyer** **ennuyer** **essuyer** **nettoyer**

不定法 現在分詞 過去分詞	直説法			
	現在	半過去	単純過去	単純未来
14. payer *payant* *payé*	je paye (paie) tu payes (paies) il paye (paie) n. payons v. payez ils payent (paient)	je payais tu payais il payait n. payions v. payiez ils payaient	je payai tu payas il paya n. payâmes v. payâtes ils payèrent	je payerai (paierai) tu payeras (*etc.* . . .) il payera n. payerons v. payerez ils payeront
15. envoyer *envoyant* *envoyé*	j' envoie tu envoies il envoie n. envoyons v. envoyez ils envoient	j' envoyais tu envoyais il envoyait n. envoyions v. envoyiez ils envoyaient	j' envoyai tu envoyas il envoya n. envoyâmes v. envoyâtes ils envoyèrent	j' **enverrai** tu **enverras** il **enverra** n. **enverrons** v. **enverrez** ils **enverront**
16. aller *allant* *allé*	je **vais** tu **vas** il **va** n. allons v. allez ils **vont**	j' allais tu allais il allait n. allions v. alliez ils allaient	j' allai tu allas il alla n. allâmes v. allâtes ils allèrent	j' **irai** tu **iras** il **ira** n. **irons** v. **irez** ils **iront**
17. finir *finissant* *fini*	je finis tu finis il finit n. finissons v. finissez ils finissent	je finissais tu finissais il finissait n. finissions v. finissiez ils finissaient	je finis tu finis il finit n. finîmes v. finîtes ils finirent	je finirai tu finiras il finira n. finirons v. finirez ils finiront
18. partir *partant* *parti*	je pars tu pars il part n. partons v. partez ils partent	je partais tu partais il partait n. partions v. partiez ils partaient	je partis tu partis il partit n. partîmes v. partîtes ils partirent	je partirai tu partiras il partira n. partirons v. partirez ils partiront
19. sentir *sentant* *senti*	je sens tu sens il sent n. sentons v. sentez ils sentent	je sentais tu sentais il sentait n. sentions v. sentiez ils sentaient	je sentis tu sentis il sentit n. sentîmes v. sentîtes ils sentirent	je sentirai tu sentiras il sentira n. sentirons v. sentirez ils sentiront
20. tenir *tenant* *tenu*	je tiens tu tiens il tient n. tenons v. tenez ils tiennent	je tenais tu tenais il tenait n. tenions v. teniez ils tenaient	je tins tu tins il tint n. tînmes v. tîntes ils tinrent	je **tiendrai** tu **tiendras** il **tiendra** n. **tiendrons** v. **tiendrez** ils **tiendront**

条件法	接続法		命令法	同型
現在	現在	半過去		
je payerais (paierais) tu payerais (*etc.* ...) il payerait n. payerions v. payeriez ils payeraient	je paye (paie) tu payes (paies) il paye (paie) n. payions v. payiez ils payent (paient)	je payasse tu payasses il payât n. payassions v. payassiez ils payassent	paie (paye) payons payez	[発音] je paye [ʒəpɛj], je paie [ʒəpɛ]; je payerai [ʒəpɛjre], je paierai [ʒəpɛre].
j' enverrais tu enverrais il enverrait n. enverrions v. enverriez ils enverraient	j' envoie tu envoies il envoie n. envoyions v. envoyiez ils envoient	j' envoyasse tu envoyasses il envoyât n. envoyassions v. envoyassiez ils envoyassent	envoie envoyons envoyez	注未来, 条・現を除いては, 13 と同じ. **renvoyer**
j' irais tu irais il irait n. irions v. iriez ils iraient	j' **aille** tu **ailles** il **aille** n. allions v. alliez ils **aillent**	j' allasse tu allasses il allât n. allassions v. allassiez ils allassent	**va** allons allez	注yがつくとき命令法・現在は vas: vas-y. 直・現・3人称複数に ont の語尾をもつものは他に ont(avoir), sont(être), font(faire) のみ.
je finirais tu finirais il finirait n. finirions v. finiriez ils finiraient	je finisse tu finisses il finisse n. finissions v. finissiez ils finissent	je finisse tu finisses il finît n. finissions v. finissiez ils finissent	finis finissons finissez	注finir 型の動詞を第2群規則動詞という.
je partirais tu partirais il partirait n. partirions v. partiriez ils partiraient	je parte tu partes il parte n. partions v. partiez ils partent	je partisse tu partisses il partît n. partissions v. partissiez ils partissent	pars partons partez	注助動詞は être. **sortir**
je sentirais tu sentirais il sentirait n. sentirions v. sentiriez ils sentiraient	je sente tu sentes il sente n. sentions v. sentiez ils sentent	je sentisse tu sentisses il sentît n. sentissions v. sentissiez ils sentissent	sens sentons sentez	注18と助動詞を除けば同型.
je tiendrais tu tiendrais il tiendrait n. tiendrions v. tiendriez ils tiendraient	je tienne tu tiennes il tienne n. tenions v. teniez ils tiennent	je tinsse tu tinsses il tînt n. tinssions v. tinssiez ils tinssent	tiens tenons tenez	注**venir 21** と同型, ただし, 助動詞は avoir.

不定法 現在分詞 過去分詞	直説法			
	現在	半過去	単純過去	単純未来
21. venir *venant* *venu*	je viens tu viens il vient n. venons v. venez ils viennent	je venais tu venais il venait n. venions v. veniez ils venaient	je vins tu vins il vint n. vînmes v. vîntes ils vinrent	je **viendrai** tu **viendras** il **viendra** n. **viendrons** v. **viendrez** ils **viendront**
22. accueillir *accueillant* *accueilli*	j' **accueille** tu **accueilles** il **accueille** n. accueillons v. accueillez ils accueillent	j' accueillais tu accueillais il accueillait n. accueillions v. accueilliez ils accueillaient	j' accueillis tu accueillis il accueillit n. accueillîmes v. accueillîtes ils accueillirent	j' **accueillerai** tu **accueilleras** il **accueillera** n. **accueillerons** v. **accueillerez** ils **accueilleront**
23. ouvrir *ouvrant* *ouvert*	j' **ouvre** tu **ouvres** il **ouvre** n. ouvrons v. ouvrez ils ouvrent	j' ouvrais tu ouvrais il ouvrait n. ouvrions v. ouvriez ils ouvraient	j' ouvris tu ouvris il ouvrit n. ouvrîmes v. ouvrîtes ils ouvrirent	j' ouvrirai tu ouvriras il ouvrira n. ouvrirons v. ouvrirez ils ouvriront
24. courir *courant* *couru*	je cours tu cours il court n. courons v. courez ils courent	je courais tu courais il courait n. courions v. couriez ils couraient	je courus tu courus il courut n. courûmes v. courûtes ils coururent	je **courrai** tu **courras** il **courra** n. **courrons** v. **courrez** ils **courront**
25. mourir *mourant* *mort*	je meurs tu meurs il meurt n. mourons v. mourez ils meurent	je mourais tu mourais il mourait n. mourions v. mouriez ils mouraient	je mourus tu mourus il mourut n. mourûmes v. mourûtes ils moururent	je **mourrai** tu **mourras** il **mourra** n. **mourrons** v. **mourrez** ils **mourront**
26. acquérir *acquérant* *acquis*	j' acquiers tu acquiers il acquiert n. acquérons v. acquérez ils acquièrent	j' acquérais tu acquérais il acquérait n. acquérions v. acquériez ils acquéraient	j' acquis tu acquis il acquit n. acquîmes v. acquîtes ils acquirent	j' **acquerrai** tu **acquerras** il **acquerra** n. **acquerrons** v. **acquerrez** ils **acquerront**
27. fuir *fuyant* *fui*	je fuis tu fuis il fuit n. fuyons v. fuyez ils fuient	je fuyais tu fuyais il fuyait n. fuyions v. fuyiez ils fuyaient	je fuis tu fuis il fuit n. fuîmes v. fuîtes ils fuirent	je fuirai tu fuiras il fuira n. fuirons v. fuirez ils fuiront

条件法	接続法		命令法	同型
現在	現在	半過去		
je viendrais tu viendrais il viendrait n. viendrions v. viendriez ils viendraient	je vienne tu viennes il vienne n. venions v. veniez ils viennent	je vinsse tu vinsses il vînt n. vinssions v. vinssiez ils vinssent	viens venons venez	注 助動詞は être. **devenir** **intervenir** **prévenir** **revenir** **(se) souvenir**
j' accueillerais tu accueillerais il accueillerait n. accueillerions v. accueilleriez ils accueilleraient	j' accueille tu accueilles il accueille n. accueillions v. accueilliez ils accueillent	j' accueillisse tu accueillisses il accueillît n. accueillissions v. accueillissiez ils accueillissent	**accueille** accueillons accueillez	**cueillir**
j' ouvrirais tu ouvrirais il ouvrirait n. ouvririons v. ouvririez ils ouvriraient	j' ouvre tu ouvres il ouvre n. ouvrions v. ouvriez ils ouvrent	j' ouvrisse tu ouvrisses il ouvrît n. ouvrissions v. ouvrissiez ils ouvrissent	**ouvre** ouvrons ouvrez	**couvrir** **découvrir** **offrir** **souffrir**
je courrais tu courrais il courrait n. courrions v. courriez ils courraient	je coure tu coures il coure n. courions v. couriez ils courent	je courusse tu courusses il courût n. courussions v. courussiez ils courussent	cours courons courez	**accourir**
je mourrais tu mourrais il mourrait n. mourrions v. mourriez ils mourraient	je meure tu meures il meure n. mourions v. mouriez ils meurent	je mourusse tu mourusses il mourût n. mourussions v. mourussiez ils mourussent	meurs mourons mourez	注 助動詞は être.
j' acquerrais tu acquerrais il acquerrait n. acquerrions v. acquerriez ils acquerraient	j' acquière tu acquières il acquière n. acquérions v. acquériez ils acquièrent	j' acquisse tu acquisses il acquît n. acquissions v. acquissiez ils acquissent	acquiers acquérons acquérez	**conquérir**
je fuirais tu fuirais il fuirait n. fuirions v. fuiriez ils fuiraient	je fuie tu fuies il fuie n. fuyions v. fuyiez ils fuient	je fuisse tu fuisses il fuît n. fuissions v. fuissiez ils fuissent	fuis fuyons fuyez	**s'enfuir**

不定法 現在分詞 過去分詞	直 説 法			
	現　在	半 過 去	単純過去	単純未来
28. rendre *rendant* *rendu*	je　rends tu　rends il　**rend** n.　rendons v.　rendez ils　rendent	je　rendais tu　rendais il　rendait n.　rendions v.　rendiez ils　rendaient	je　rendis tu　rendis il　rendit n.　rendîmes v.　rendîtes ils　rendirent	je　rendrai tu　rendras il　rendra n.　rendrons v.　rendrez ils　rendront
29. prendre *prenant* *pris*	je　prends tu　prends il　**prend** n.　prenons v.　prenez ils　prennent	je　prenais tu　prenais il　prenait n.　prenions v.　preniez ils　prenaient	je　pris tu　pris il　prit n.　prîmes v.　prîtes ils　prirent	je　prendrai tu　prendras il　prendra n.　prendrons v.　prendrez ils　prendront
30. craindre *craignant* *craint*	je　crains tu　crains il　craint n.　craignons v.　craignez ils　craignent	je　craignais tu　craignais il　craignait n.　craignions v.　craigniez ils　craignaient	je　craignis tu　craignis il　craignit n.　craignîmes v.　craignîtes ils　craignirent	je　craindrai tu　craindras il　craindra n.　craindrons v.　craindrez ils　craindront
31. faire *faisant* *fait*	je　fais tu　fais il　fait n.　faisons v.　**faites** ils　**font**	je　faisais tu　faisais il　faisait n.　faisions v.　faisiez ils　faisaient	je　fis tu　fis il　fit n.　fîmes v.　fîtes ils　firent	je　**ferai** tu　**feras** il　**fera** n.　**ferons** v.　**ferez** ils　**feront**
32. dire *disant* *dit*	je　dis tu　dis il　dit n.　disons v.　**dites** ils　disent	je　disais tu　disais il　disait n.　disions v.　disiez ils　disaient	je　dis tu　dis il　dit n.　dîmes v.　dîtes ils　dirent	je　dirai tu　diras il　dira n.　dirons v.　direz ils　diront
33. lire *lisant* *lu*	je　lis tu　lis il　lit n.　lisons v.　lisez ils　lisent	je　lisais tu　lisais il　lisait n.　lisions v.　lisiez ils　lisaient	je　lus tu　lus il　lut n.　lûmes v.　lûtes ils　lurent	je　lirai tu　liras il　lira n.　lirons v.　lirez ils　liront
34. suffire *suffisant* *suffi*	je　suffis tu　suffis il　suffit n.　suffisons v.　suffisez ils　suffisent	je　suffisais tu　suffisais il　suffisait n.　suffisions v.　suffisiez ils　suffisaient	je　suffis tu　suffis il　suffit n.　suffîmes v.　suffîtes ils　suffirent	je　suffirai tu　suffiras il　suffira n.　suffirons v.　suffirez ils　suffiront

条件法	接続法		命令法	同型
現　在	現　在	半過去		
je rendrais tu rendrais il rendrait n. rendrions v. rendriez ils rendraient	je rende tu rendes il rende n. rendions v. rendiez ils rendent	je rendisse tu rendisses il rendît n. rendissions v. rendissiez ils rendissent	rends rendons rendez	**attendre** **descendre** **entendre** **pendre** **perdre** **répandre** **répondre** **vendre**
je prendrais tu prendrais il prendrait n. prendrions v. prendriez ils prendraient	je prenne tu prennes il prenne n. prenions v. preniez ils prennent	je prisse tu prisses il prît n. prissions v. prissiez ils prissent	prends prenons prenez	**apprendre** **comprendre** **entreprendre** **reprendre** **surprendre**
je craindrais tu craindrais il craindrait n. craindrions v. craindriez ils craindraient	je craigne tu craignes il craigne n. craignions v. craigniez ils craignent	je craignisse tu craignisses il craignît n. craignissions v. craignissiez ils craignissent	crains craignons craignez	**atteindre** **éteindre** **joindre** **peindre** **plaindre**
je ferais tu ferais il ferait n. ferions v. feriez ils feraient	je **fasse** tu **fasses** il **fasse** n. **fassions** v. **fassiez** ils **fassent**	je fisse tu fisses il fît n. fissions v. fissiez ils fissent	fais faisons **faites**	**défaire** **refaire** **satisfaire** 注 fais-[f(ə)z-]
je dirais tu dirais il dirait n. dirions v. diriez ils diraient	je dise tu dises il dise n. disions v. disiez ils disent	je disse tu disses il dît n. dissions v. dissiez ils dissent	dis disons **dites**	**redire**
je lirais tu lirais il lirait n. lirions v. liriez ils liraient	je lise tu lises il lise n. lisions v. lisiez ils lisent	je lusse tu lusses il lût n. lussions v. lussiez ils lussent	lis lisons lisez	**relire** **élire**
je suffirais tu suffirais il suffirait n. suffirions v. suffiriez ils suffiraient	je suffise tu suffises il suffise n. suffisions v. suffisiez ils suffisent	je suffisse tu suffisses il suffît n. suffissions v. suffissiez ils suffissent	suffis suffisons suffisez	

不定法 現在分詞 過去分詞	直説法			
	現在	半過去	単純過去	単純未来
35. conduire *conduisant* *conduit*	je conduis tu conduis il conduit n. conduisons v. conduisez ils conduisent	je conduisais tu conduisais il conduisait n. conduisions v. conduisiez ils conduisaient	je conduisis tu conduisis il conduisit n. conduisîmes v. conduisîtes ils conduisirent	je conduirai tu conduiras il conduira n. conduirons v. conduirez ils conduiront
36. plaire *plaisant* *plu*	je plais tu plais il **plaît** n. plaisons v. plaisez ils plaisent	je plaisais tu plaisais il plaisait n. plaisions v. plaisiez ils plaisaient	je plus tu plus il plut n. plûmes v. plûtes ils plurent	je plairai tu plairas il plaira n. plairons v. plairez ils plairont
37. coudre *cousant* *cousu*	je couds tu couds il coud n. cousons v. cousez ils cousent	je cousais tu cousais il cousait n. cousions v. cousiez ils cousaient	je cousis tu cousis il cousit n. cousîmes v. cousîtes ils cousirent	je coudrai tu coudras il coudra n. coudrons v. coudrez ils coudront
38. suivre *suivant* *suivi*	je suis tu suis il suit n. suivons v. suivez ils suivent	je suivais tu suivais il suivait n. suivions v. suiviez ils suivaient	je suivis tu suivis il suivit n. suivîmes v. suivîtes ils suivirent	je suivrai tu suivras il suivra n. suivrons v. suivrez ils suivront
39. vivre *vivant* *vécu*	je vis tu vis il vit n. vivons v. vivez ils vivent	je vivais tu vivais il vivait n. vivions v. viviez ils vivaient	je vécus tu vécus il vécut n. vécûmes v. vécûtes ils vécurent	je vivrai tu vivras il vivra n. vivrons v. vivrez ils vivront
40. écrire *écrivant* *écrit*	j' écris tu écris il écrit n. écrivons v. écrivez ils écrivent	j' écrivais tu écrivais il écrivait n. écrivions v. écriviez ils écrivaient	j' écrivis tu écrivis il écrivit n. écrivîmes v. écrivîtes ils écrivirent	j' écrirai tu écriras il écrira n. écrirons v. écrirez ils écriront
41. boire *buvant* *bu*	je bois tu bois il boit n. buvons v. buvez ils boivent	je buvais tu buvais il buvait n. buvions v. buviez ils buvaient	je bus tu bus il but n. bûmes v. bûtes ils burent	je boirai tu boiras il boira n. boirons v. boirez ils boiront

条件法	接続法		命令法	同型
現在	現在	半過去		
je conduirais tu conduirais il conduirait n. conduirions v. conduiriez ils conduiraient	je conduise tu conduises il conduise n. conduisions v. conduisiez ils conduisent	je conduisisse tu conduisisses il conduisît n. conduisissions v. conduisissiez ils conduisissent	conduis conduisons conduisez	**construire** **cuire** **détruire** **instruire** **introduire** **produire** **traduire**
je plairais tu plairais il plairait n. plairions v. plairiez ils plairaient	je plaise tu plaises il plaise n. plaisions v. plaisiez ils plaisent	je plusse tu plusses il plût n. plussions v. plussiez ils plussent	plais plaisons plaisez	**déplaire** **(se) taire** （ただし il se tait）
je coudrais tu coudrais il coudrait n. coudrions v. coudriez ils coudraient	je couse tu couses il couse n. cousions v. cousiez ils cousent	je cousisse tu cousisses il cousît n. cousissions v. cousissiez ils cousissent	couds cousons cousez	
je suivrais tu suivrais il suivrait n. suivrions v. suivriez ils suivraient	je suive tu suives il suive n. suivions v. suiviez ils suivent	je suivisse tu suivisses il suivît n. suivissions v. suivissiez ils suivissent	suis suivons suivez	**poursuivre**
je vivrais tu vivrais il vivrait n. vivrions v. vivriez ils vivraient	je vive tu vives il vive n. vivions v. viviez ils vivent	je vécusse tu vécusses il vécût n. vécussions v. vécussiez ils vécussent	vis vivons vivez	
j' écrirais tu écrirais il écrirait n. écririons v. écririez ils écriraient	j' écrive tu écrives il écrive n. écrivions v. écriviez ils écrivent	j' écrivisse tu écrivisses il écrivît n. écrivissions v. écrivissiez ils écrivissent	écris écrivons écrivez	**décrire** **inscrire**
je boirais tu boirais il boirait n. boirions v. boiriez ils boiraient	je boive tu boives il boive n. buvions v. buviez ils boivent	je busse tu busses il bût n. bussions v. bussiez ils bussent	bois buvons buvez	

不定法 現在分詞 過去分詞	直説法			
	現在	半過去	単純過去	単純未来
42. résoudre *résolvant* *résolu*	je résous tu résous il résout n. résolvons v. résolvez ils résolvent	je résolvais tu résolvais il résolvait n. résolvions v. résolviez ils résolvaient	je résolus tu résolus il résolut n. résolûmes v. résolûtes ils résolurent	je résoudrai tu résoudras il résoudra n. résoudrons v. résoudrez ils résoudront
43. connaître *connaissant* *connu*	je connais tu connais il **connaît** n. connaissons v. connaissez ils connaissent	je connaissais tu connaissais il connaissait n. connaissions v. connaissiez ils connaissaient	je connus tu connus il connut n. connûmes v. connûtes ils connurent	je connaîtrai tu connaîtras il connaîtra n. connaîtrons v. connaîtrez ils connaîtront
44. naître *naissant* *né*	je nais tu nais il **naît** n. naissons v. naissez ils naissent	je naissais tu naissais il naissait n. naissions v. naissiez ils naissaient	je naquis tu naquis il naquit n. naquîmes v. naquîtes ils naquirent	je naîtrai tu naîtras il naîtra n. naîtrons v. naîtrez ils naîtront
45. croire *croyant* *cru*	je crois tu crois il croit n. croyons v. croyez ils croient	je croyais tu croyais il croyait n. croyions v. croyiez ils croyaient	je crus tu crus il crut n. crûmes v. crûtes ils crurent	je croirai tu croiras il croira n. croirons v. croirez ils croiront
46. battre *battant* *battu*	je bats tu bats il **bat** n. battons v. battez ils battent	je battais tu battais il battait n. battions v. battiez ils battaient	je battis tu battis il battit n. battîmes v. battîtes ils battirent	je battrai tu battras il battra n. battrons v. battrez ils battront
47. mettre *mettant* *mis*	je mets tu mets il **met** n. mettons v. mettez ils mettent	je mettais tu mettais il mettait n. mettions v. mettiez ils mettaient	je mis tu mis il mit n. mîmes v. mîtes ils mirent	je mettrai tu mettras il mettra n. mettrons v. mettrez ils mettront
48. rire *riant* *ri*	je ris tu ris il rit n. rions v. riez ils rient	je riais tu riais il riait n. riions v. riiez ils riaient	je ris tu ris il rit n. rîmes v. rîtes ils rirent	je rirai tu riras il rira n. rirons v. rirez ils riront

条件法	接続法		命令法	同型
現在	現在	半過去		
je résoudrais tu résoudrais il résoudrait n. résoudrions v. résoudriez ils résoudraient	je résolve tu résolves il résolve n. résolvions v. résolviez ils résolvent	je résolusse tu résolusses il résolût n. résolussions v. résolussiez ils résolussent	résous résolvons résolvez	
je connaîtrais tu connaîtrais il connaîtrait n. connaîtrions v. connaîtriez ils connaîtraient	je connaisse tu connaisses il connaisse n. connaissions v. connaissiez ils connaissent	je connusse tu connusses il connût n. connussions v. connussiez ils connussent	connais connaissons connaissez	注 t の前にくるとき i→î. **apparaître** **disparaître** **paraître** **reconnaître**
je naîtrais tu naîtrais il naîtrait n. naîtrions v. naîtriez ils naîtraient	je naisse tu naisses il naisse n. naissions v. naissiez ils naissent	je naquisse tu naquisses il naquît n. naquissions v. naquissiez ils naquissent	nais naissons naissez	注 t の前にくるとき i→î. 助動詞は être.
je croirais tu croirais il croirait n. croirions v. croiriez ils croiraient	je croie tu croies il croie n. croyions v. croyiez ils croient	je crusse tu crusses il crût n. crussions v. crussiez ils crussent	crois croyons croyez	
je battrais tu battrais il battrait n. battrions v. battriez ils battraient	je batte tu battes il batte n. battions v. battiez ils battent	je battisse tu battisses il battît n. battissions v. battissiez ils battissent	bats battons battez	**abattre** **combattre**
je mettrais tu mettrais il mettrait n. mettrions v. mettriez ils mettraient	je mette tu mettes il mette n. mettions v. mettiez ils mettent	je misse tu misses il mît n. missions v. missiez ils missent	mets mettons mettez	**admettre** **commettre** **permettre** **promettre** **remettre**
je rirais tu rirais il rirait n. ririons v. ririez ils riraient	je rie tu ries il rie n. riions v. riiez ils rient	je risse tu risses il rît n. rissions v. rissiez ils rissent	ris rions riez	**sourire**

不定法 現在分詞 過去分詞	直 説 法			
	現　在	半過去	単純過去	単純未来
49. conclure *concluant* *conclu*	je conclus tu conclus il conclut n. concluons v. concluez ils concluent	je concluais tu concluais il concluait n. concluions v. concluiez ils concluaient	je conclus tu conclus il conclut n. conclûmes v. conclûtes ils conclurent	je conclurai tu concluras il conclura n. conclurons v. conclurez ils concluront
50. rompre *rompant* *rompu*	je romps tu romps il rompt n. rompons v. rompez ils rompent	je rompais tu rompais il rompait n. rompions v. rompiez ils rompaient	je rompis tu rompis il rompit n. rompîmes v. rompîtes ils rompirent	je romprai tu rompras il rompra n. romprons v. romprez ils rompront
51. vaincre *vainquant* *vaincu*	je vaincs tu vaincs il **vainc** n. vainquons v. vainquez ils vainquent	je vainquais tu vainquais il vainquait n. vainquions v. vainquiez ils vainquaient	je vainquis tu vainquis il vainquit n. vainquîmes v. vainquîtes ils vainquirent	je vaincrai tu vaincras il vaincra n. vaincrons v. vaincrez ils vaincront
52. recevoir *recevant* *reçu*	je reçois tu reçois il reçoit n. recevons v. recevez ils reçoivent	je recevais tu recevais il recevait n. recevions v. receviez ils recevaient	je reçus tu reçus il reçut n. reçûmes v. reçûtes ils reçurent	je **recevrai** tu **recevras** il **recevra** n. **recevrons** v. **recevrez** ils **recevront**
53. devoir *devant* *dû* (due, dus, dues)	je dois tu dois il doit n. devons v. devez ils doivent	je devais tu devais il devait n. devions v. deviez ils devaient	je dus tu dus il dut n. dûmes v. dûtes ils durent	je **devrai** tu **devras** il **devra** n. **devrons** v. **devrez** ils **devront**
54. pouvoir *pouvant* *pu*	je **peux (puis)** tu **peux** il peut n. pouvons v. pouvez ils peuvent	je pouvais tu pouvais il pouvait n. pouvions v. pouviez ils pouvaient	je pus tu pus il put n. pûmes v. pûtes ils purent	je **pourrai** tu **pourras** il **pourra** n. **pourrons** v. **pourrez** ils **pourront**
55. émouvoir *émouvant* *ému*	j' émeus tu émeus il émeut n. émouvons v. émouvez ils émeuvent	j' émouvais tu émouvais il émouvait n. émouvions v. émouviez ils émouvaient	j' émus tu émus il émut n. émûmes v. émûtes ils émurent	j' **émouvrai** tu **émouvras** il **émouvra** n. **émouvrons** v. **émouvrez** ils **émouvront**

条件法	接続法		命令法	同型
現在	現在	半過去		
je conclurais tu conclurais il conclurait n. conclurions v. concluriez ils concluraient	je conclue tu conclues il conclue n. concluions v. concluiez ils concluent	je conclusse tu conclusses il conclût n. conclussions v. conclussiez ils conclussent	conclus concluons concluez	
je romprais tu romprais il romprait n. romprions v. rompriez ils rompraient	je rompe tu rompes il rompe n. rompions v. rompiez ils rompent	je rompisse tu rompisses il rompît n. rompissions v. rompissiez ils rompissent	romps rompons rompez	**interrompre**
je vaincrais tu vaincrais il vaincrait n. vaincrions v. vaincriez ils vaincraient	je vainque tu vainques il vainque n. vainquions v. vainquiez ils vainquent	je vainquisse tu vainquisses il vainquît n. vainquissions v. vainquissiez ils vainquissent	vaincs vainquons vainquez	**convaincre**
je recevrais tu recevrais il recevrait n. recevrions v. recevriez ils recevraient	je reçoive tu reçoives il reçoive n. recevions v. receviez ils reçoivent	je reçusse tu reçusses il reçût n. reçussions v. reçussiez ils reçussent	reçois recevons recevez	**apercevoir** **concevoir**
je devrais tu devrais il devrait n. devrions v. devriez ils devraient	je doive tu doives il doive n. devions v. deviez ils doivent	je dusse tu dusses il dût n. dussions v. dussiez ils dussent	dois devons devez	注 命令法はほとんど用いられない.
je pourrais tu pourrais il pourrait n. pourrions v. pourriez ils pourraient	je **puisse** tu **puisses** il **puisse** n. **puissions** v. **puissiez** ils **puissent**	je pusse tu pusses il pût n. pussions v. pussiez ils pussent		注 命令法はない.
j' émouvrais tu émouvrais il émouvrait n. émouvrions v. émouvriez ils émouvraient	j' émeuve tu émeuves il émeuve n. émouvions v. émouviez ils émeuvent	j' émusse tu émusses il émût n. émussions v. émussiez ils émussent	émeus émouvons émouvez	**mouvoir** ただし過去分詞は mû (mue, mus, mues)

不定法 現在分詞 過去分詞	直説法			
	現在	半過去	単純過去	単純未来
56. savoir *sachant* *su*	je sais tu sais il sait n. savons v. savez ils savent	je savais tu savais il savait n. savions v. saviez ils savaient	je sus tu sus il sut n. sûmes v. sûtes ils surent	je **saurai** tu **sauras** il **saura** n. **saurons** v. **saurez** ils **sauront**
57. voir *voyant* *vu*	je vois tu vois il voit n. voyons v. voyez ils voient	je voyais tu voyais il voyait n. voyions v. voyiez ils voyaient	je vis tu vis il vit n. vîmes v. vîtes ils virent	je **verrai** tu **verras** il **verra** n. **verrons** v. **verrez** ils **verront**
58. vouloir *voulant* *voulu*	je **veux** tu **veux** il veut n. voulons v. voulez ils veulent	je voulais tu voulais il voulait n. voulions v. vouliez ils voulaient	je voulus tu voulus il voulut n. voulûmes v. voulûtes ils voulurent	je **voudrai** tu **voudras** il **voudra** n. **voudrons** v. **voudrez** ils **voudront**
59. valoir *valant* *valu*	je **vaux** tu **vaux** il vaut n. valons v. valez ils valent	je valais tu valais il valait n. valions v. valiez ils valaient	je valus tu valus il valut n. valûmes v. valûtes ils valurent	je **vaudrai** tu **vaudras** il **vaudra** n. **vaudrons** v. **vaudrez** ils **vaudront**
60. s'asseoir *s'asseyant*[1] *assis*	je m'assieds[1] tu t'assieds il **s'assied** n. n. asseyons v. v. asseyez ils s'asseyent	je m'asseyais[1] tu t'asseyais il s'asseyait n. n. asseyions v. v. asseyiez ils s'asseyaient	je m'assis tu t'assis il s'assit n. n. assîmes v. v. assîtes ils s'assirent	je m'**assiérai**[1] tu t'**assiéras** il s'**assiéra** n. n. **assiérons** v. v. **assiérez** ils s'**assiéront**
s'assoyant[2]	je m'assois[2] tu t'assois il s'assoit n. n. assoyons v. v. assoyez ils s'assoient	je m'assoyais[2] tu t'assoyais il s'assoyait n. n. assoyions v. v. assoyiez ils s'assoyaient		je m'**assoirai**[2] tu t'**assoiras** il s'**assoira** n. n. **assoirons** v. v. **assoirez** ils s'**assoiront**
61. pleuvoir *pleuvant* *plu*	il pleut	il pleuvait	il plut	il **pleuvra**
62. falloir *fallu*	il faut	il fallait	il fallut	il **faudra**

条件法	接続法		命令法	同型
現在	現在	半過去		
je saurais tu saurais il saurait n. saurions v. sauriez ils sauraient	je **sache** tu **saches** il **sache** n. **sachions** v. **sachiez** ils **sachent**	je susse tu susses il sût n. sussions v. sussiez ils sussent	**sache** **sachons** **sachez**	
je verrais tu verrais il verrait n. verrions v. verriez ils verraient	je voie tu voies il voie n. voyions v. voyiez ils voient	je visse tu visses il vît n. vissions v. vissiez ils vissent	vois voyons voyez	**revoir**
je voudrais tu voudrais il voudrait n. voudrions v. voudriez ils voudraient	je **veuille** tu **veuilles** il **veuille** n. voulions v. vouliez ils **veuillent**	je voulusse tu voulusses il voulût n. voulussions v. voulussiez ils voulussent	**veuille** **veuillons** **veuillez**	
je vaudrais tu vaudrais il vaudrait n. vaudrions v. vaudriez ils vaudraient	je **vaille** tu **vailles** il **vaille** n. valions v. valiez ils **vaillent**	je valusse tu valusses il valût n. valussions v. valussiez ils valussent		注 命令法はほとんど用いられない．
je m'assiérais[1] tu t'assiérais il s'assiérait n. n. assiérions v. v. assiériez ils s'assiéraient	je m'asseye[1] tu t'asseyes il s'asseye n. n. asseyions v. v. asseyiez ils s'asseyent	j' m'assisse tu t'assisses il s'assît n. n. assissions v. v. assissiez ils s'assissent	assieds-toi[1] asseyons-nous asseyez-vous	注 時称により2種の活用があるが，(1)は古来の活用で，(2)は俗語調である．(1)の方が多く使われる．
je m'assoirais[2] tu t'assoirais il s'assoirait n. n. assoirions v. v. assoiriez ils s'assoiraient	je m'assoie[2] tu t'assoies il s'assoie n. n. assoyions v. v. assoyiez ils s'assoient		assois-toi[2] assoyons-nous assoyez-vous	
il pleuvrait	il pleuve	il plût		注 命令法はない．
il faudrait	il **faille**	il fallût		注 命令法・現在分詞はない．

NUMÉRAUX（数詞）

	CARDINAUX（基数）	ORDINAUX（序数）		CARDINAUX	ORDINAUX
1	**un, une**	**premier**（première）	90	**quatre-vingt-dix**	**quatre-vingt-dixième**
2	deux	deuxième, second(e)	91	quatre-vingt-onze	quatre-vingt-onzième
3	trois	troisième	92	quatre-vingt-douze	quatre-vingt-douzième
4	quatre	quatrième	100	**cent**	**centième**
5	cinq	cinquième	101	cent un	cent (et) unième
6	six	sixième	102	cent deux	cent deuxième
7	sept	septième	110	cent dix	cent dixième
8	huit	huitième	120	cent vingt	cent vingtième
9	neuf	neuvième	130	cent trente	cent trentième
10	**dix**	**dixième**	140	cent quarante	cent quarantième
11	onze	onzième	150	cent cinquante	cent cinquantième
12	douze	douzième	160	cent soixante	cent soixantième
13	treize	treizième	170	cent soixante-dix	cent soixante-dixième
14	quatorze	quatorzième	180	cent quatre-vingts	cent quatre-vingtième
15	quinze	quinzième	190	cent quatre-vingt-dix	cent quatre-vingt-dixième
16	seize	seizième	200	**deux cents**	**deux centième**
17	dix-sept	dix-septième	201	deux cent un	deux cent unième
18	dix-huit	dix-huitième	202	deux cent deux	deux cent deuxième
19	dix-neuf	dix-neuvième	300	**trois cents**	**trois centième**
20	**vingt**	**vingtième**	301	trois cent un	trois cent unième
21	vingt et un	vingt et unième	302	trois cent deux	trois cent deuxième
22	vingt-deux	vingt-deuxième	400	**quatre cents**	**quatre centième**
23	vingt-trois	vingt-troisième	401	quatre cent un	quatre cent unième
30	**trente**	**trentième**	402	quatre cent deux	quatre cent deuxième
31	trente et un	trente et unième	500	**cinq cents**	**cinq centième**
32	trente-deux	trente-deuxième	501	cinq cent un	cinq cent unième
40	**quarante**	**quarantième**	502	cinq cent deux	cinq cent deuxième
41	quarante et un	quarante et unième	600	**six cents**	**six centième**
42	quarante-deux	quarante-deuxième	601	six cent un	six cent unième
50	**cinquante**	**cinquantième**	602	six cent deux	six cent deuxième
51	cinquante et un	cinquante et unième	700	**sept cents**	**sept centième**
52	cinquante-deux	cinquante-deuxième	701	sept cent un	sept cent unième
60	**soixante**	**soixantième**	702	sept cent deux	sept cent deuxième
61	soixante et un	soixante et unième	800	**huit cents**	**huit centième**
62	soixante-deux	soixante-deuxième	801	huit cent un	huit cent unième
70	**soixante-dix**	**soixante-dixième**	802	huit cent deux	huit cent deuxième
71	soixante et onze	soixante et onzième	900	**neuf cents**	**neuf centième**
72	soixante-douze	soixante-douzième	901	neuf cent un	neuf cent unième
80	**quatre-vingts**	**quatre-vingtième**	902	neuf cent deux	neuf cent deuxième
81	quatre-vingt-un	quatre-vingt-unième	1000	**mille**	**millième**
82	quatre-vingt-deux	quatre-vingt-deuxième			

1 000 000 | un million | millionième ‖ **1 000 000 000** | un milliard | milliardième

LA FRANCE